Blinde Gewalt

Andreas Marneros

Blinde Gewalt

Rechtsradikale Gewalttäter
und ihre
zufälligen Opfer

Scherz

Gewidmet
den Schülerinnen und Schülern, Lehrerinnen und Lehrern
des Fürst-Franz-Gymnasiums, Dessau,
die an einem 20. April (Hitlers Geburtstag)
in einer vollen Kirche, unter starkem Polizeischutz,
belagert von Rechtsextremisten,
ein selbst geschriebenes und selbst inszeniertes Theaterstück
nach dem Buch »Hitlers Urenkel«
aufführten.

www.fischerverlage.de

Erschienen bei Scherz, ein Verlag der
S. Fischer Verlag GmbH, Frankfurt am Main

Gesamtherstellung: Ebner & Spiegel, Ulm
Printed in Germany

ISBN 3-502-15012-5

Vom Hass und der Sinnlosigkeit

Auf Ägyptos und Danaos, den Zwillingssöhnen des Königs Belos, lastete ein furchtbarer Fluch: Sie sollten zu Erfindern des reinen, des unverstellten Hasses werden. Schon im Mutterschoß hassten sich die beiden. Sie kehrten sich in der Fruchtblase die Rücken zu, weil sie sich nicht in die Gesichter sehen wollten. Ihre Bewegungen machten ihrer Mutter große Schmerzen. Die beiden Brüder wuchsen getrennt voneinander auf. Erst hielt man die Buben in verschiedenen Zimmern. Sie schlugen die Türen ein und fielen übereinander her. Dann brachte man sie in verschiedenen Vierteln der Stadt unter. Aber in der Nacht schlichen sic sich aus dem Haus, trafen sich und schlugen sich auf dem Marktplatz die Nasen blutig. Als ihr Vater starb, musste das Reich in zwei Teile geteilt werden. Ägyptos übernahm den ägyptischen Teil, Danaos den Teil, der bis heute noch Libyen heißt.

Aber Danaos wollte Ägyptos unter sich sehen und Ägyptos wollte Danaos unter sich sehen.

Ägyptos hatte 50 Söhne, Danaos hatte 50 Töchter, die Danaiden. Eines Tages flüchtete Danaos, dem Rat der Göttin Athene folgend, auf den Peloponnes, um dem Hass des Ägyptos zu entfliehen. Einige Zeit später machte Ägyptos den Ort des Aufenthaltes von Danaos und seinen Töchtern ausfindig. Er kam zusammen mit seinen 50 Söhnen, um Danaos und seine 50 Töchter zu vernichten. Er verbarg seinen Hass und machte ein listiges Angebot. Die 50 Töchter des Danaos sollten die 50 Söhne des Ägyptos heiraten, damit der Zwist zwischen den beiden beendet würde. In Wahrheit aber wollte er nur Danaos vernichten. Dieser verbarg seinen Hass ebenfalls und nahm das Angebot ebenso listig an. In der Hochzeitsnacht gab er nämlich jeder seiner Töchter eine lange Haarnadel. Sie sollten damit die Herzen der Söhne des Ägyptos durchbohren. Die älteste Tochter des Danaos, Hypermnestra, und der älteste Sohn des Ägyptos, Lynkeus, vergaßen jedoch den Hass und verliebten sich ineinander. Hypermnestra zerbrach die Haarnadel und floh zusammen mit Lynkeus. Die anderen 49 Töchter des Danaos jedoch erstachen in dieser Nacht die 49 Söhne des Ägyptos. Ein sinnloses Blutbad fand statt.

Zeus und die anderen olympischen Götter verurteilten die Mörderinnen, die Danaiden, nach ihrem Tod in den tiefsten Bereich der Hölle zu kommen. Dort, wo Tantalos im Wasser steht, aber nicht trinken kann, und wo Sisyphos endlos den Stein auf seinen Felsen wälzt, nur um ihn wieder herunterrollen zu sehen, dort sollten die Danaiden Wasser in Weidenkörben transportieren. Immer und immer wieder würde das Wasser durch das Weidengeflecht sickern, ehe sie ihr Ziel erreicht hätten.

Zur Sinnlosigkeit sind sie verurteilt worden. Die Arbeit, die sie verrichten mussten, war so sinnlos und absurd wie der Hass, der sie alle getrieben hatte.

Die Sinnlosigkeit war für die Griechen der Begriff für die Hölle.

(Nach: Michael Köhlmeier, »Die schönsten Sagen der Antike«, Piper Verlag München, 2004)

Inhalt

Annas Tod

Die Mörder Axel und Bert

Von Annas Tod erfuhr ich aus den Zeitungen. Eine Leiche war gefunden worden. Merkwürdig begraben, halb stehend, halb liegend. Auf einer Wiese am Flussufer, unter einer Trauerweide. Der Kopf der Leiche war kahl geschoren. Die Schamhaare waren ebenfalls abrasiert worden. Es war eine weibliche Leiche. Sie wurde als die Leiche einer Frau namens Anna identifiziert. Anna war schon vor einigen Wochen als vermisst gemeldet worden. Ihre mutmaßlichen Mörder wurden kurze Zeit später gefasst. Es waren zwei der Polizei gut bekannte Neonazis. Zwei von Annas Freunden. Zwei von Annas rechtsextremistischen Kameraden.

Dem ersten mutmaßlichen Mörder, Axel*, bin ich schon einmal flüchtig begegnet. Eine Begegnung, die bei mir damals trotzdem einen tiefen Eindruck hinterlassen hat.

Axel hatte ich zwei Jahre vor dem Mord an Anna gesehen. Damals nur von weitem, während des Prozesses gegen die Mörder von Alberto Adriano. Alberto Adriano war der Mosambikaner, der von drei Neonazis im Zentralpark von Dessau bestialisch ermordet worden war. Und das nur, »weil er schwarz war«, wie seine Mörder vor Gericht angaben. Dieser Mord erschütterte damals die gesamte Republik. Bundeskanzler Schröder, der Ministerpräsident von Sachsen-Anhalt, Höppner, andere Politiker und viele Menschen, die mit Politik gar nichts zu tun hatten, pilgerten zum Tatort. Bei der Prozesseröffnung in Halle waren Fernsehsender, Radiostationen und die Presse aus der ganzen

* Alle Täternamen abgeändert

Welt vertreten gewesen, von Lokalzeitungen bis zur »New York Times«. Alle deutschen, aber auch amerikanische oder japanische Sender hatten ihre Reporter nach Halle geschickt. Die Fernsehjournalisten wurden während der Dreharbeiten auf zwei junge Männer aufmerksam, die im Neonazioutfit mit kurz geschorenen Haaren, Tarnhosen und Springerstiefeln laute Parolen skandierten. »Gut so. Es geschah ihm recht. Noch mehr umbringen. Afrika den Schwarzen, Europa den Weißen. Es leben die Helden«, brüllten die beiden ihre Zustimmung am Mord an Alberto Adriano heraus. Sie verlangten noch mehr solche Morde. Ihr Forum war die Weltöffentlichkeit und die deutsche Ehefrau und die deutschen Kinder Alberto Adrianos. Die beiden Neonazis wurden damals von der Polizei verhaftet. Später stellte sich heraus, dass es sich bei ihnen um Axel und seinen jüngeren Bruder handelte. Am nächsten Tag wurden sie wieder freigelassen. Nur einen Tag später warf Axels Mutter ihn aus der Wohnung, weil er offen und aktiv bei den Neonazis verkehrte und sie damit nicht einverstanden war.

Annas zweiten mutmaßlichen Mörder, Bert, kannte ich nicht. Ich traf ihn erstmals im Gefängnis. Ich sprach viele Stunden mit ihm, genau wie mit Axel.

Der Mord

Axel erzählt, wie Bert Anna ermordete

Axel, ein 23-jähriger Sozialhilfeempfänger, saß vor mir. Ein Schreibtisch stand zwischen uns. Wir saßen in einem karg möblierten, mit dicken Fenstergittern und einer Metalltür abgesicherten Gefängniszimmer. Axel ist ein hoch gewachsener, schlanker junger Mann mit sehr markanten Gesichtszügen und dunklen, sehr kurzen Haaren. Als ich meine Unterlagen und ein

Diktiergerät aus der Aktentasche holte, beobachtete ich Axel. Er war sehr nervös und ungeduldig. Während er wartete, spielte er angespannt mit seinen langen, dünnen Fingern auf seinen Oberschenkeln, trommelte zwischendurch leicht auf ihnen und dann wieder auf dem Tisch. Als er zu sprechen begann, bemerkte ich die große Aggressivität in seiner Stimme und seinen Formulierungen. Jedes seiner Worte verbreitete Kälte im Raum. Auch explosive Äußerungen können manchmal sehr kalt sein. Es war eine fast unerträgliche Kälte. Manchmal war es, als wehte ein eisiger, stürmischer Polarwind durch den hermetisch abgeschlossenen Raum.

»Was wird Ihnen vorgeworfen?«, begann ich die Befragung.

»Mord beziehungsweise Verdacht auf Mord«, antwortete Axel.

»Stimmt dieser Vorwurf?«, wollte ich wissen.

»Natürlich nicht. Das stimmt überhaupt nicht«, gab er zurück.

»Was stimmt denn dann, Ihrer Meinung nach?«

»Ich habe nur bei der Beseitigung der Leiche geholfen. Das war zwar dumm, aber es war kein Mord.«

»Dann erzählen Sie mir bitte darüber«, forderte ich Axel auf.

»Ich habe nichts zu erzählen. Das habe ich alles schon der Polizei und dem Haftrichter gesagt. Sie können alles in meinen Vernehmungen lesen.«

Ich versuchte ihm in sanften Tönen zu erklären, dass der psychiatrische Gutachter weder Richter noch Staatsanwalt noch Polizeibeamter ist. Der Gutachter benötigt die Schilderungen des Angeklagten in einer direkten Kommunikation. Weiter erklärte ich ihm, dass der Gutachter dazu da sei, festzustellen, ob der Angeklagte bei der Begehung einer Tat – egal um welche Tat es sich handelt, Mord oder Beseitigung einer Leiche – schuldfähig, schuldunfähig oder vermindert schuldfähig gewesen ist. Die Beurteilung des Gutachters habe dann eine große Bedeutung für die Entscheidung des Gerichtes.

Axel war leicht zu überzeugen. Er begann mit lauter Stimme, lebhafter Mimik und Gestik, aber ohne jegliche Gefühlsregungen zu berichten. Die Kälte blieb. Der eisige Wind auch. Ich ließ ihn lange erzählen, ohne ihn zu unterbrechen. Nur wenn es absolut nötig war, stellte ich einige kurze Fragen zum Verständnis.

»Bert hat Anna ermordet«, sagte – nein rief – er in den Raum. »Ich habe den Mord von Anfang bis Ende gesehen, denn ich war dabei.«

»Erzählen Sie mir, wie die Tat abgelaufen ist. Von Anfang bis Ende. Beginnen Sie am besten damit, wie der Tattag begonnen hat«, forderte ich Axel auf.

»Es war der Männertag«, begann er zu erzählen. »Ich bin so gegen 9 oder 10 Uhr aufgestanden, dann habe ich mich mit der Clique getroffen. Bert und Anna waren auch dabei, und dann noch zwei oder drei andere. Ich brauche Ihnen ja nicht zu verheimlichen, dass unsere Clique der rechtsextremistischen Szene angehört. Das wissen Sie ja schon aus den Akten.«

»Sie meinen, Sie gehören zu den Neonazis«, unterbrach ich ihn.

»Ja«, gab er zurück, »wenn Sie das so nennen wollen.«

»Dann erzählen Sie bitte weiter«, forderte ich ihn auf.

»Wir beschlossen, einen Ausflug zu machen, um Männertag zu feiern. Dafür haben wir Bier und Schnaps in Berts Auto geladen, dann fuhren wir damit zum Hexentanzplatz. Dort haben wir getrunken und uns amüsiert. Gegen 18 Uhr fuhren wir zurück. Bert, Anna und ich gingen in Berts Wohnung, um dort weiterzufeiern. Ein Kumpel aus der Clique wollte eigentlich mitkommen, hat sich aber in letzter Minute anders entschieden. Anna gehörte auch zu unserer Clique. Sie war die Freundin von einem anderen rechtsextremistischen Kameraden, der an diesem Tag aber nicht mit dabei war. Anna war auch eine Kameradin. In Berts Wohnung schenkte er ›Klaren‹ ein. Als Anna kurz auf den Balkon ging, flüsterte Bert mir zu: ›Komm, wir machen die betrunken. Wir schenken ihr Schnaps, uns aber Wasser ein. Und dann ficken wir sie.‹ ›Ja, ja‹, habe ich gesagt. Wie man das eben so sagt. Ich habe es nicht ernst genommen. Auch dann habe ich nichts gesagt, als ich gesehen habe, wie er Anna ein Glas nach dem anderen eingegossen hat und Bert und ich nur Wasser tranken. ›Wir ficken sie, wir ficken sie‹, sagte Bert wie besessen. Ich sagte immer wieder: ›Ja, ja‹, wie man das eben so sagt, um Ruhe zu haben.«

»Wie man das einfach so sagt?«, unterbrach ich.

»Ja«, antwortete Axel mit lauter, energischer Stimme, »einfach so.«

»Wie ging es weiter?«, wollte ich wissen.

»Na ja, nach ein paar Gläsern brach Anna auf dem Balkon mit einem Mal förmlich zusammen. Sie war völlig weg. Die Augen hat sie verleiert, dann fiel sie rückwärts in einen Sackständer. Ich holte sie dort raus und zog sie rückwärts in die Stube. Dabei habe ich ihr unter die Arme gegriffen, um sie besser ziehen zu können. Ich wollte sie hinstellen, aber sie ist wieder zusammengebrochen. Bert hat mich zur Seite geschubst und fing an, an Anna rumzugrabschen. Ich ließ ihn machen und ging ins Bad, um einen feuchten Lappen für Anna zu holen. Damit wollte ich sie wieder wach machen. Bert atmete schwer und sagte hektisch: ›Los, die ficken wir jetzt.‹ Ich dachte auch jetzt noch nichts Schlimmes und sagte: ›Na ja. Okay.‹ Wie man das so dahinsagt. Im Bad konnte ich keinen Lappen finden und ging deshalb ins Schlafzimmer, weil neben dem Computer welche lagen. Den Lappen habe ich nass gemacht. Als ich schon auf dem Weg zu Anna war, hörte ich plötzlich ein metallisches Krachen. Dieses Geräusch kann ich schlecht beschreiben. Als ich in die Stube zurückkam, sah ich Anna neben der Hantelbank liegen. Dort war Bert über sie gebeugt. So hat die ganze Scheiße dann eigentlich angefangen. Bert hat an Anna rumgegrabscht. Ihre Hose war zerrissen und Bert tatschte wie besessen an ihr rum. Er fummelte an ihrer Brust und zwischen ihren Beinen herum. Irgendwann sagte ich zu Bert, dass er jetzt aufhören soll.«

»Irgendwann?«, fragte ich leise. Dabei blickte ich Axel intensiv in die Augen.

»Ja, ja, irgendwann«, antwortete er laut und schaute nervös zur Seite, sich meinem fragenden Blick entziehend.

»Ich sagte zu Bert: ›Es ist genug mit Rumgrabschen und Rumtatschen.‹ Der antwortete aber aufgeregt, ich soll mich da raushalten und verschwinden. Deshalb habe ich mich ins Schlafzimmer zurückgezogen. Dort waren auch die beiden großen Hunde von Bert. Die haben sich aber ganz ruhig verhalten und mischten sich nicht ein. Als ich im Schlafzimmer war, hörte ich mehrere Male einen dumpfen Knall. Deshalb bin ich wieder in die Stube gegangen, um nachzusehen, was dort los ist. Bert kam mir schon auf halbem Weg entgegen. Ich fragte ihn, was los sei. Er antwortete, dass er sie jetzt ficken wolle, und lief wieder zurück ins Wohnzimmer. Ich ging auch dorthin. Annas Sachen waren zerrissen und am Körper hochgerutscht. Ich sah, wie er zwischen ihren Beinen lag und mit einer Hantelstange in ihrem Geschlechtsteil rummachte. Ich blieb an der Tür zwischen Schlafzimmer und Wohnzimmer stehen. Bert rief mich und zeigte zwischen Annas Schenkel: ›Komm mal her, hast du so was schon gesehen? So was habe ich immer ficken wollen.‹ Er manipulierte mit der Hantelstange weiter in Annas Scheide herum. Ich sah, wie Bert aufgeregt und wie besessen eine Edeka-Tüte um seine Faust wickelte und versuchte, damit in Annas Scheide einzudringen. Dabei fragte er mich: ›Werde ich das mit der ganzen Faust schaffen?‹ Ich antwortete ihm nicht, sondern ging zurück ins Schlafzimmer zu den Hunden, um mir das alles nicht ansehen zu müssen. Dort hörte ich, wie Bert auf Anna einschlug.

Plötzlich bekam ich Angst. Ich fühlte mich wie ein kleines Kind, weil wir beide auf Bewährung draußen waren. Ich habe befürchtet, wieder ins Gefängnis zu müssen. Deshalb habe ich ununterbrochen ›Scheiße‹ gerufen. Bert bekam nun auch Angst, denn er war ja auch auf Bewährung draußen. ›Natürlich wird sie zur Polizei gehen‹, sagte er, ›aber ich löse unser Problem.‹

Er lief in die Küche, holte ein Messer und ging damit auf Anna zu. Ich sprang dazwischen, um ihn zu bremsen. Er schob mich aber weg und fing an, auf Anna einzustechen. Er hat ungefähr zehnmal zugestochen. Als ich das sah, bekam ich wahnsinnige Angst. Dann bin ich ausgeflippt. Ich habe was wie einen Anfall bekommen, ich war völlig in Panik. So etwas habe ich noch nie im Leben gehabt. Bert redete eine Weile auf mich ein. Er meinte, ich soll ruhig bleiben, es wird alles wieder gut. Aus Annas Körper strömte das Blut. Ich konnte mir denken, dass sie schon tot sein müsste. Bert brachte mich zum Sofa. Dort gab er mir ein Glas Schnaps zur Beruhigung. Ich sollte da sitzen bleiben und eine rauchen. Dann brachte er Whisky, den wir aus der Flasche tranken. Anna lag regungslos in einer Blutlache. Ihr Gesicht war schneeweiß. Nach einer Weile, ich weiß nicht, wie viel Zeit vergangen war, es konnte eine halbe Stunde gewesen sein, sagte Bert: ›Ich will sie ficken. Ich will sie ficken. Willst du zukucken?‹ Ich habe nein gesagt. ›Dann hast du Pech‹, sagte Bert.«

»Habe ich Sie richtig verstanden«, fragte ich, »Bert wollte mit Annas Leiche sexuellen Verkehr haben?« Dabei versuchte ich, mein Erstaunen und meine Ungläubigkeit nicht zu verraten.

»Ja, ja, er wollte Annas Leiche vergewaltigen«, antwortete Axel.

»Nicht vergewaltigen. Schänden ist das richtige Wort«, bemerkte ich und fragte dann: »Und, tat er es?«

»Ja«, meinte Axel, »aber nicht in der Stube, sondern später. Als wir im Wald waren.«

»Erzählen Sie mir alles der Reihe nach«, forderte ich Axel auf.

Und Axel berichtete:

»Bert stand auf und schleppte Anna ins Bad. Dort legte er sie in die Badewanne und zog ihr die restlichen Sachen aus, die fast alle zerrissen waren. Dann kam er zurück in die Stube, setzte sich neben mich und sagte: ›Geh und seh' nach, ob sie noch lebt.‹ Das wollte ich aber nicht. Darauf fragte Bert, ob ich wisse, wie man herausfindet, ob jemand noch am Leben ist. ›Ich prüfe den Puls‹, sagte ich zu Bert. ›Wie geht das denn?‹, fragte er mich. Dann stand Bert auf und ging ins Bad, wo Anna lag. Ich blieb inzwischen in der Stube sitzen, wo ich mich mit ein paar Schluck Whisky zu beruhigen versuchte. Dann hörte ich auf einmal Bert rumfluchen und rumschreien. Plötzlich stand er in der Badezimmertür, die Augen weit aufgerissen, und schimpfte mit lauter Stimme: ›Die verreckt nicht, die verreckt nicht. Die will nicht verrecken.‹ Bert nahm wieder das Messer, mit dem er vorher schon auf Anna eingestochen hatte, und stach damit wieder mehrmals zu. Ich lief hinter ihm her. Fassungslos schaute ich zu, wie er auf Annas Körper einstach. Als er mich sah, rief er: ›Sieh dir das an. So macht man das.‹ So, als ob ich von ihm lernen sollte, wie man einen Menschen richtig absticht. Ich war baff, gleichzeitig war ich aber auch aufgeregt. Ich geriet wieder in Panik.

Bert versuchte, mich zu beruhigen und sagte, dass uns nichts passieren könne, wenn wir zusammenhielten. ›Was meinst du damit, dass *uns* nichts passieren kann?‹, fragte ich. ›Ich habe doch gar nichts gemacht.‹ ›Aber du wolltest das doch auch‹, sagte er. Dabei lächelte er so, als wisse er etwas. ›Ich wollte das doch gar nicht‹, habe ich zu Bert gesagt. ›Komm, komm‹, sagte er, ›die Schlampe hat es nicht besser verdient. Die war ein Nichts. Eine Null. Eine Dreckschlampe. So hätten das auch die Wikinger gemacht. Das hätte auch Erik, der Wikinger, mit so einer Frau gemacht. Und Erik ist doch unser großes Idol. Du hast ja sogar deinen Sohn nach ihm benannt. Ich verstehe dich nicht‹, murmelte er dann noch. ›Du wolltest doch selbst, dass wir Frauen schänden. So, wie die Wikinger. Wir haben schon immer gesagt, dass wir auch Frauen schänden müssten, wenn wir alles genauso wie die Wikinger machen wollen. Wir wollten doch auch schon in die Tschechei fahren, um dort Huren zu schänden und umzubringen. Das ist doch gar nicht nötig, wo wir die Frauen hier vor unserer Tür finden können. Damals, als wir in Dänemark, im Land der Wikinger waren, haben wir es nicht fertig gebracht, ein paar dänische Huren umzubringen, wie wir das eigentlich vorhatten. Du und ich haben doch schon oft darüber gesprochen. Du wolltest es ja auch. Jetzt hast du mitgemacht. Komm mit, wir bringen die Leiche in den Wald. Wir packen die Dreckschlampe ein und bringen sie in den Wald. Dort beerdigen wir sie unter einer Trauerweide. Im Stehen oder halb stehend, wie die Wikinger das auch gemacht haben. Komm, komm. Hilf mir, die Schlampe abzutransportieren.‹

Dann stand Bert auf, ging ins Bad und forderte mich auf, mit ihm zu kommen. Wie im Traum stand ich auf und ging mit. Anna lag in der Badewanne. Sie war weiß wie Kreide und die Badewanne war voll von Blut. ›Warte einen Moment‹, sagte Bert plötzlich. Dann nahm er eine Dose Rasierschaum und einen Rasierer, ging zur Wanne und spritzte den Rasierschaum zwischen Annas nackte Schenkel, sodass ihre Schamhaare mit Schaum bedeckt waren. Dann rasierte er sie langsam ab. Ich sah ihm dabei zu, sagte aber nichts. Ich fühlte mich, als wäre alles nur ein Film, der vor mir ablief, und ich wäre nur der Zuschauer. Nachdem Bert Annas Schamhaare vollständig abrasiert hatte, nahm er eine Schere und schnitt ihr die Kopfhaare ab. Nachdem die Haare kurz genug waren, schäumte er Annas Kopf mit Rasierschaum ein und begann, ihr langsam auch den Kopf zu rasieren. Nach einer Weile war er damit fertig. ›Komm‹, sagte er, ›jetzt können wir sie wegbringen. Hilf mir, ihr die Sachen anzuziehen.‹ Ich habe ihm geholfen, der Leiche die zerrissenen Sachen überzuziehen.«

»Haben Sie Bert nicht gefragt, warum er die Haare abrasierte?«, unterbrach ich Axel mit betont professioneller Neutralität.

»Ich habe angenommen, er wollte die Leiche unkenntlich machen«, sagte Axel.

»Haben Sie dabei nicht an andere Dinge gedacht?«, fragte ich ihn.

»Nein, ich dachte, das tut er wegen der Identifikation, DNS und solchen Dingen.«

»Identifikation?«, fragte ich. »Wie soll ich das verstehen?«

»Na ja, wenn die Leiche mal gefunden würde und jemand eine DNS-Analyse machen will, dann findet der kein Haar dafür.«

»Lassen wir das«, sagte ich, »erzählen Sie bitte weiter.«

»Ach ja«, sagte Axel plötzlich aufgeregt, »ich habe ganz vergessen zu sagen, dass Bert versuchte, Anna mit einem Telefonkabel zu würgen, bevor er das erste Mal auf sie eingestochen hat. Das hatte ich ganz vergessen. Ich habe gesehen, wie Bert das Telefonkabel um Annas Hals gelegt hat. Dabei hat er sich über sie gebeugt. Es sah wirklich so aus, als wollte er sie erwürgen. Aber er hatte mir den Rücken zugekehrt, so konnte ich nicht genau sehen, was er getan hat. Das mit dem Würgen hatte ich ganz vergessen. Dann sagte Bert zu mir: ›Jetzt müssen wir das richtig machen. Wir müssen einen richtigen Totenkult praktizieren, wie Möbus.‹«

»Was meinte Bert mit ›Möbus‹?«, fragte ich nach.

»Na ja, Sie kennen doch Möbus sicher aus dem Fernsehen? Möbus ist dieser Satanist, der einen jungen Mann umgebracht hat. Dabei hat der die Tötung gefilmt. Der hat auch eine CD rausgegeben, auf der die Schreie des Opfers zu hören sind. Möbus ist Mitglied einer Black-Metal-Band gewesen, hatte also mit solchem Satanszeug zu tun. Diese Gruppe beschäftigt sich mit dem Satanskult und sie denken, sie erweisen dem Satan einen Dienst, wenn sie jemanden umbringen. Möbus und seine Freunde haben das auch gemacht, so in kultischer Art und Weise. Wie die das gemacht haben, weiß ich aber nicht genau.«

»Sie meinen, dass Bert mit Annas Ermordung Möbus nachahmen wollte?«, hakte ich nach.

»Weiß ich nicht genau. Er hat von Totenkult gesprochen, nachdem Anna tot war. Bert hat gefunden, dass wir es nun wie Möbus tun sollten. Er wollte sie so verbuddeln. Bert kannte einen gut geeigneten Ort, im Wald, wo er immer mit seinen Hunden spazieren ging. Bert sagte, dass er sich den Ort angesehen habe. Er wisse darüber Bescheid.«

»Sind Sie sich ganz sicher, dass Bert erst nach Annas Ermordung begann, von einem Totenkult zu sprechen?«, unterbrach ich Axel.

»An diesem Tag ja«, meinte er, »aber früher hat er auch schon davon gesprochen. Dann aber nur wenig. Er hat schon mal über Totenkult gesprochen, aber nie viel. Auf jeden Fall hat er an diesem Abend Annas Leiche ins Wohnzimmer gebracht. Dann sagte er zu mir: ›Wir ziehen die an.‹ Er nahm eine Jacke seines Mitbewohners, eine ›Harington‹-Jacke, und zog sie Annas Leiche an. Dann nahm er eine schwarze Jogginghose mit einem weißen Aufdruck auf dem linken Oberschenkel und zog sie der Leiche ebenfalls an.«

»Was war das für ein weißer Aufdruck?«, unterbrach ich Axel.

»Es stand darauf ›Ku-Klux-Klan‹«, gab er mir zur Antwort.

»Was bedeutet das?«, fragte ich, den Ahnungslosen spielend.

»Sie wissen doch, das ist diese Menschenrechtsorganisation in Amerika. Die schützen die Rechte der weißen Rasse.«

»So, so, eine Menschenrechtsorganisation!«, kommentierte ich mit leiser Stimme. Dann forderte ich ihn auf, weiter zu erzählen.

»Ich selbst habe an dem Tag eine Jogginghose und ein T-Shirt getragen.«

»Eine einfache Jogginghose und ein einfaches T-Shirt?«, fragte ich.

»Warum wollen Sie das wissen?«, fragte Axel höchst aggressiv.

»Weil ich die Akten der Polizei und der Staatsanwaltschaft gründlich studiert habe. Und ich weiß, dass es keine einfache Jogginghose, kein einfaches T-Shirt und keine einfache Jacke gewesen sind.«

»Ja, gut«, sagte Axel. »Auf der Jogginghose stand in Rot ›CONSDAPLE‹.«

»Könnten Sie mir die Bedeutung des Begriffes erklären?«, fragte ich, als kenne ich auch diese Bezeichnung nicht.

»Es ist so«, antwortete Axel dozierend, »seit einiger Zeit darf man in Deutschland nicht mehr den Begriff ›NSDAP‹ auf Textilien drucken. Und so hat man das Wort ›CONSDAPLE‹ aufgedruckt, weil die mittleren Buchstaben ›NSDAP‹ heißen.«

»coNSDAPle«, wiederholte Axel, wobei er die erste und die

letzte Silbe leise und die mittlere Silbe mit lauter Stimme aussprach, um es anschaulich zu machen.

»Was stand auf dem T-Shirt?«, fragte ich weiter.

»Vorn war das Wort ›Society‹ in Flammen aufgedruckt. Hinten stand ›Old-School-Rassist‹.«

»Es war also ein besonderes T-Shirt«, meinte ich.

»Ja, ja, ein ›Hate-Society-T-Shirt.«

»Tragen Sie häufig solche Kleidung oder haben Sie die nur an diesem Abend angehabt?«

»Häufig«, meinte er, »ich gehöre ja zur rechtsextremistischen Szene. Die tragen so was. Wir sind stolz darauf. Ich bin stolz, Deutscher zu sein.«

»Stolz, Deutscher zu sein, ist gut, aber sind auch die Deutschen stolz auf jemanden, der so etwas tut und so etwas trägt?«, fragte ich.

Darauf bekam ich keine Antwort.

»Haben Sie an diesem Abend noch etwas getragen?«, fragte ich weiter.

»Ja, Bert hat mir auch Turnschuhe und eine Jacke mit einem Keltenkreuz als Emblem auf dem Ärmel gegeben. Er war auch so ähnlich bekleidet.«

»Bert nahm Annas Leiche über die Schulter und wir gingen zusammen, ich vorn und er hinten, die vier Stockwerke hinunter«, fuhr Axel fort. »Bert schickte mich in den Keller, wo ich einen Spaten holte. Als ich zurückkam, hatte Bert Annas Leiche auf dem Bürgersteig vor dem Haus abgelegt. Ich habe die Straße abgesucht, ob noch andere Passanten unterwegs waren. Nachdem ich gesehen hatte, dass die Straße leer war, kehrte ich zu Bert zurück, der inzwischen Annas Leiche in einer Hecke versteckt hatte. Als ich ihm sagte, die Luft sei rein, nahm er Annas Leiche wieder auf die Schulter und ging los. Ich lief hinterher.

Plötzlich sahen wir jemanden aus der entgegengesetzten Richtung kommen. Bert warf Annas Leiche ganz schnell hinter ein

Stromhäuschen und legte sich über die Leiche. Das hat er gerade noch rechtzeitig geschafft, denn der Mann kam auf mich zu. Der war ein Bekannter und fragte mich, wie es so gehe. Ich antwortete ihm knapp, was ich den Tag über so gemacht hätte. Dann bemerkte er aber Bert, der mit dem Bauch nach unten über Annas Leiche lag. Der Bekannte konnte die Leiche nicht sehen, weil Bert über ihr lag und es hinter dem Stromhäuschen sehr dunkel war. ›Sag mal, ist das Bert?‹, fragte er plötzlich. ›Ja, ja‹, sagte ich, ›der hat zu viel getrunken. Heute ist doch Männertag. Jetzt hat er sich gerade übergeben.‹ Der Bekannte fragte, ob ich seine Hilfe brauchte. Ich habe das aber verneint, und so ging der nach Hause. Den Spaten, den ich hinter das Stromhäuschen geworfen hatte, nahm ich wieder in die Hand.

Bert lud Annas Leiche wieder auf die Schulter, und wir gingen weiter. Ständig forderte Bert mich auf, die Leiche mitzutragen. Ich sagte aber immer wieder, dass ich das nicht mache. Dann wurde er aggressiv und sagte: ›Ich habe keine Lust, in einer Nacht zwei zu verbuddeln.‹ Das war eine direkte Drohung gegen mich. Bert legte die Leiche auf die Straße, zog ein Messer und sagte: ›Entweder hilfst du mit oder ich werde dich auch verbuddeln.‹ Ich bekam Angst, dass er mich auch umbringen könnte. Daraufhin nahm ich Annas Füße und half Bert beim Tragen. Ich hatte große Angst vor ihm, vor allem, nachdem ich gesehen hatte, wie er unsere Kameradin ermordet hat. Natürlich waren wir Freunde und Kameraden. Wir gehörten ja beide der rechtsextremistischen Szene an. Aber ich hatte Angst vor ihm. Er hat mich schon mehr als einmal verraten und verkauft.

Einige Zeit später kamen wir an den Rand eines Feldes. Dort standen viele Bäume. Die Nacht war hell, so konnten wir alles gut sehen. Bert ging zu einer Trauerweide und sagte: ›Hier, das ist der richtige Platz.‹ Wir fingen an, halb senkrecht ein Loch zu graben. Als wir tief genug gegraben hatten, sagte Bert zu mir: ›Jetzt stell dich in das Loch, dann werden wir sehen, ob es schon tief genug ist.‹ Das war mir nicht geheuer. Ich sagte ›nein‹, zündete mir eine Zigarette an und ging auf das Feld. Dort habe ich gegrübelt, was er mit der Aufforderung bezweckt haben könnte. Ich habe eine geraucht, dann ging ich zurück zu Bert. Als ich zurückkam, sah ich, wie sich Bert über die Leiche beugte. Die Leiche war inzwischen wieder nackt. Ich habe vergessen zu sagen, dass Bert mich vorher aufgefordert hatte, die Leiche mit ihm gemeinsam auszuziehen, weil sie nackt begraben werden sollte. Als ich also an die Stelle zurückkehrte, wo Bert mit Annas Leiche war, sah ich ihn über der Leiche hocken. Er machte Bewegungen, wie man sie beim Sex macht. Ich weiß aber nicht, ob das eine Art Vergewaltigung war.«

»Anna war doch längst tot«, bemerkte ich. »Sie meinen, es fand Geschlechtsverkehr mit Annas Leiche statt?«

»Ja, dachte ich«, meinte Axel, »aber das kann ich nicht beschwören.«

Nachdem ich tief Luft geholt und mich innerlich gefasst hatte, fragte ich, wie es weiterging.

»Wir beide brachten Annas Leiche zum Grab. Dort warf Bert sie kopfüber ins Loch. Dann haben wir das Loch gemeinsam zugeschüttet. Ich holte noch ein paar Grasbüschel, die ich auf das Loch legte, damit es nicht so auffällt. Bert sprang noch ein paarmal darauf herum. Dann verstreute ich Pfeffer, den wir extra mitgenommen hatten, wegen der Spürhunde.

Als wir mit allem fertig waren, gingen wir wieder in Berts Wohnung zurück. Unterwegs haben wir Annas Sachen in einem Container beseitigt. Bei Bert angekommen, tranken wir Whisky. Ich war noch immer aufgeregt. Bert versuchte immer wieder, mich zu beruhigen. Er wiederholte ständig: ›Die Dreckschlampe hat es nicht besser verdient. Hätten wir das nicht getan, hätte es ein anderer gemacht.‹

Dann gingen wir schlafen. Am nächsten Tag versuchten wir, alle Spuren zu beseitigen. Auch den Teppichboden haben wir ausgewechselt. Dann bin ich nach Hause gegangen.«

Bert erzählt, wie Axel Anna ermordete

»Axel hat Anna ermordet. Ich habe damit nichts zu tun«, versicherte mir Bert mit vor Empörung verzerrtem Gesicht. »Axel ist der Mörder. Ich war nur dabei. Bei der Beseitigung der Leiche habe ich ein wenig mitgeholfen. Aber er hat Anna umgebracht. Das habe ich mit meinen eigenen Augen gesehen.«

Als ich Bert kennen lernte, war er 22 Jahre alt. Er ist ein hoch gewachsener Mann mit der körperlichen Statur eines Bodybuilders – breite Schultern, muskulöse Oberarme und stämmige Oberschenkel. Seine Haare sind sehr kurz geschnitten. Bert habe ich – wie auch Axel – fast 20 Monate lang begleitet, von kurz nach ihrer Inhaftierung bis zur Beendigung des Prozesses. Während dieser 20 Monate wuchsen Berts Muskeln und wurden immer dicker und bedrohlicher. Er treibt im Gefängnis viel Krafttraining. Am Ende des Prozesses machte er den Eindruck, als könne er sich vor Kraft kaum noch bewegen. Auffallend waren seine kleinen Augen, die selten jemanden direkt ansahen. Er schaute auf seine groben Finger, und wenn er sprach – er sprach nur wenig –, schaute er zu Boden oder in die Ecke und bewegte ungeduldig seinen Kopf hin und her, als wäre er ständig frustriert. Auch er zeigte nicht die geringste Reue und nicht die geringste Betroffenheit, nicht die geringste Empathie für das ermordete Mädchen. Er versuchte, die Tat Axel in die Schuhe zu schieben, so wie Axel Bert für den Mord verantwortlich machen wollte.

»Erzählen Sie mir, wie es zu der Tat kam«, bat ich Bert und machte mich innerlich auf eine neue Version gefasst. Eine ganz andere als die seines Kameraden Axel, der die Ermordung seiner Kameradin am Vortag beschrieben hatte. Zwei Aussagen standen gegeneinander:

»Axel, und nur Axel, hat sie ermordet.«

»Bert, und nur Bert, hat sie ermordet.«

Ich nahm die beiden Berichte wie ein Schwamm das Wasser auf, ganz nach dem Motto: »Ich glaube alles und ich glaube nichts.«

Und so berichtete Bert, wie Axel Anna ermordete: »Nachdem wir den Männertag gefeiert hatten, gingen wir in meine Wohnung zurück. Eigentlich wollte ich zu meiner Freundin gehen, aber die anderen wollten noch ein wenig feiern. Mit den anderen meine ich Axel und Anna. Ich dachte, dann gehe ich eben später zu meiner Freundin. Oben angekommen, gingen Axel und Anna auf den Balkon, um dort zu rauchen. Ich bin kein Raucher und möchte nicht, dass man mir die Wohnung einräuchert. Während die beiden da draußen standen, beschäftigte ich mich etwas mit meinen beiden Hunden und erledigte Kleinigkeiten in der Wohnung. Plötzlich sah ich, wie Axel mit Anna eine Rangelei anfing. Dabei zog er sie an den Haaren. ›Was soll das werden‹, dachte ich bei mir. Ich hatte das Gefühl, es sei nur Spaß. Deswegen habe ich mich auch nicht eingemischt. Dann kam Axel sehr aufgeregt ins Wohnzimmer zurück, gefolgt von Anna, die laut sagte: ›Der Axel spinnt wohl. Der hat nicht alle Tassen im Schrank.‹ Axel zerrte Anna an der Hand und sagte laut und wie besessen: ›Ich fick dich jetzt. Ich fick dich jetzt.‹

›Du spinnst wohl. Du hast zu viel getrunken‹, war Annas Reaktion darauf. Plötzlich sah ich, wie Axel sich zur Seite beugte, eine Hantelstange aufnahm und damit links gegen Annas Hals schlug. Anna ging zu Boden. Ich schrie Axel an, was das solle. Er gab mir keine Antwort. Er wiederholte nur ständig: ›Ich fick sie jetzt, ich fick sie jetzt.‹ Dann schleppte er die bewusstlose Anna ins Badezimmer. Axel hob Anna hoch und legte sie in die Badewanne. Er sagte, wir sollten sie mit kaltem Wasser abspülen, damit sie wieder zu sich käme. Das haben wir auch getan, aber sie blieb bewusstlos. Nachdem wir bemerkten, dass wir sie nicht munter bekamen, ließen wir sie in der Wanne liegen und gingen zurück ins Wohnzimmer. Ich trank etwas und wir warteten; irgendwann würde sie schon wieder zu sich kommen.

Plötzlich sagte Axel, dass er zur Toilette müsse. Er ging ins Bad, wo Anna noch immer lag. Axel blieb über zehn Minuten dort. Dann hörte ich ein Geräusch. Es klang wie eine Dusche. Ich wurde neugierig und ging zum Bad. Was ich sah, hat mich zu Tode erschreckt. Die Badewanne war voll mit Blut. Axel zog gerade aus Annas Körper ein langes Messer. ›Bist du verrückt?‹, schrie ich ihn an. ›Was hast du da gemacht?‹ Axel drehte sich zu mir um und sagte: ›Wenn du jetzt nicht mitmachst, bist du mit Sicherheit der Nächste.‹ Ich bekam große Angst, dass er mich auch umbringen könnte. Dann ging er zum Badezimmerschrank, holte das Rasierzeug raus und drückte es mir in die Hand. Er sagte: ›Los, alle Haare abrasieren. Es könnte einen Gentest geben. Wir müssen es unmöglich machen, dass man Anna identifiziert. Rasiere ihr die Schamhaare und den Kopf.‹ Aus Angst habe ich Annas Schamhaare und anschließend den Kopf rasiert. Dann machte ich das Rasierzeug sauber und ging in die Stube zurück. Ich wollte das blutige Zeug aus- und etwas Neues anziehen. Meine Hunde waren im Schlafzimmer. Die haben überhaupt nicht reagiert.

Plötzlich hörte ich ein dumpfes Geräusch aus dem Bad. So, als würde jemand mit dem Kopf gegen die Wand oder gegen die Badewanne schlagen. Das Geräusch hörte ich mehrere Male. Ich ging ins Bad. Dort habe ich gesehen, wie sich Axel über Annas nackten Körper beugte. Ich habe vergessen zu sagen, dass wir Anna vor dem Rasieren ausgezogen hatten. So wollte es Axel. Er hat mir befohlen, ihm dabei zu helfen. Ich sah also, wie Axel über den nackten Körper von Anna gebeugt war. Sie war inzwischen kreideweiß. Nun bemerkte ich, dass er die Hantelstange in Annas Scheide eingeführt hatte. Ich sagte, er solle das sein lassen. Er antwortete aber nur ironisch: ›Was willst du tun, wenn ich es nicht sein lasse?‹ Ich gab ihm keine Antwort. Nachdem er zwei- bis dreimal die Hantelstange in ihre Scheide geschoben hatte, legte er die Hantel auf die Waschmaschine und sagte: ›Komm, hilf mir, sie aus der Wanne zu holen.‹ Ich half ihm dabei, wir legten sie dann in den Flur. Ich habe nicht gefragt warum und wieso, sondern machte alles, was Axel sagte. Ich hatte so Angst vor ihm. Er hat mir mit dem Messer gedroht.

Im Flur haben wir der Leiche eine Jacke, eine Hose und Schuhe übergezogen. Nur die Schuhe waren ihre eigenen. Dann fragte mich Axel, wo er einen Spaten finden könne. Ich fragte ihn, was er damit anfangen wolle. ›Ich will sie vergraben.‹ Darauf habe ich ihm geantwortet, dass ich da nicht mitmachen würde. ›Dann bist du der Nächste‹, meinte er. ›Überleg dir das gut.‹ Ich bekam wieder Angst und erzählte ihm, dass ich im Keller einen Spaten habe. Axel meinte nun, dass er vorgehen würde, um nachzusehen, ob jemand im Treppenhaus war. Ich sollte ihm folgen.

Ich nahm also Annas Leiche über die Schulter und stieg mit ihr die Treppen runter, immer hinter Axel her. Vor Angst war ich ganz fertig. Draußen legte ich die Leiche ab und wartete auf Axel, der inzwischen den Spaten aus dem Keller holte. Dann sah er nach, ob die Straße leer war. Nach einer Weile kam Axel zurück und meinte, da sei niemand und wir könnten nun weitergehen. Ich sagte ihm, dass ich nicht mehr könne, er solle mir helfen. Daraufhin nahm Axel Annas Leiche auf die Schulter und lief in Richtung Stromhäuschen. Ich selbst kam mit dem Spaten in der Hand hinterher. Unterwegs fragte mich Axel, ob ich eine Lampe hätte. Ich sagte ›ja‹, worauf er mir befahl, sie zu holen. Also ging ich zurück in den Keller, fand dort aber die Lampe nicht. Axel hatte inzwischen Annas Leiche hinter einem Stromhäuschen versteckt und wartete auf mich. Plötzlich sahen wir eine Person vor uns auf der Straße. Ich versteckte mich schnell hinter dem Stromhäuschen, während Axel auf den Mann zuging, um ihn abzufangen. Es war ein Bekannter von ihm, und Axel hat ihm erzählt, sein Freund sei stockbetrunken, er bringe ihn nach Hause. Der andere ging dann weiter.

Ab dem Moment haben wir Annas Leiche zusammen getragen.

Wir brachten sie in einen Wald. Ich habe vergessen zu sagen, dass wir auch noch eine Schippe aus dem Keller mitgenommen hatten. Während wir dann die Leiche gemeinsam trugen, hatte Axel den Spaten und ich die Schippe in der Hand.

Als wir auf ein kleines Waldstück kamen, sagte Axel: ›Stopp, hier ist der richtige Platz.‹ Er suchte eine geeignete Stelle und fing an loszugraben. Es war schwierig, weil wir dabei auf Wurzeln stießen. Also ging Axel drei bis vier Meter weiter und hat dort begonnen, ein Loch zu graben. Dort ging es gut. Ich half ihm. Als wir die Hälfte des Loches gegraben hatten, brach die Schippe ab. Deshalb haben wir abwechselnd mit dem Spaten gegraben. Einer hat gegraben, der andere hat mit einem Feuerzeug geleuchtet. Nachdem wir der Meinung waren, dass das Loch nun tief genug sei, haben wir Anna geholt und sie in das Loch gelegt. Dann schoben wir Erde darüber. Ich bin über die Erde gelaufen, um sie festzutreten, während Axel auf das Feld ging, wo er Grasnarben und Heu holte. Das alles haben wir auf der Stelle verteilt, um das Ganze gut zu tarnen. Als wir der Meinung waren, dass alles in Ordnung sei, nahmen wir den Spaten, die Schippe und Annas Sachen mit. Unterwegs kamen wir an einem Bach vorbei, wo Axel den Spaten sauber gemacht hat. Die Schippe hatte er auf einem Feld weggeworfen. Als wir zurück in der Wohnung waren, haben wir das Bad gesäubert. Ich habe Annas Sachen genommen und sie in eine Tüte gepackt. Auch das Messer habe ich dazu getan, mit dem Axel Anna getötet hat. Axel nahm mein Fahrrad, um damit zu ›Edeka‹ zu fahren, wo er die ganzen Sachen in die Mülltonne warf.

Als er zurückkam, setzte er sich auf die Couch und sagte: ›Oh, jetzt fühle ich mich frei.‹ Ich habe nicht nachgefragt, was er damit meinte, sondern ging duschen. Danach holte ich eine Flasche Whisky aus dem Schrank, und wir haben zusammen zwei bis drei Gläser getrunken. Ich habe Axel eine Decke und ein Kopfkissen gegeben. Er hat dann auf meiner Couch geschlafen und ich in meinem Bett. Ich habe überlegt, ob ich die Polizei benachrichtigen soll. Aber ich hatte so viel Angst vor Axel.

Am nächsten Morgen bin ich gegen 10 Uhr aufgestanden und habe angefangen, die Auslegware rauszureißen, um die Spuren zu beseitigen. Dann ist auch Axel aufgestanden und hat mir geholfen, die Auslegware zusammenzulegen. Jeder von uns hat einen Stapel mitgenommen und in abgelegene Container geworfen. Dann bin ich zu meiner Mutter gegangen und Axel zu seinem Vater. Später habe ich dann noch die restliche Auslegware rausgerissen. Kurz danach kam mein Bruder. Der hat mir geholfen, das Zeug in die Mülltonne zu werfen. Er wusste aber nicht, was sich bei uns abgespielt hatte. Der dachte, ich würde nur renovieren. Axel wollte gegen 14 Uhr kommen, kam dann aber doch nicht.

Ein paar Tage später meinte Axel, wir müssten die Leiche ausgraben, um sicher zu sein, dass wir auch die Fingerabdrücke beseitigt hätten. Ich habe ihm gesagt: ›Da mache ich nicht mit.‹ Axel brachte dann noch ein paar Tage lang das Gespräch immer wieder auf Anna. Dann war das Thema aber erledigt. Wir haben sie nicht ausgegraben. Wir haben miteinander abgesprochen, was wir der Polizei sagen würden, wenn wir über Annas Verschwinden befragt werden sollten. Axel hatte die Idee, dass wir der Polizei sagen sollten, wir hätten gesehen, wie sie in ein Auto eingestiegen ist. Erst nach einem Monat wurden wir von der Polizei als Zeugen vernommen. Vorher wurden wir von der Polizei verhört. Da habe ich dann das gesagt, was ich mit Axel abgesprochen hatte. Nachdem ich aber verhaftet worden war, habe ich die Wahrheit gesagt. Ich habe ausgesagt, was ich gesehen habe und wie Axel Anna getötet hat.

Was ich Ihnen erzählt habe, ist die Wahrheit. Und nur das ist die Wahrheit.«

Der Prozess

Die Gerichtsverhandlung zog sich über Monate hin. Die beiden Angeklagten beharrten auf ihren Versionen, die sie nur unwesentlich veränderten oder ergänzten. Beide versuchten, das Gericht zu überzeugen, dass sie selbst mit dem Mord an Anna wenig zu tun hatten und eigentlich nur zufällig zum hilflosen Zuschauer und gezwungenermaßen zum Leichenträger geworden waren.

Das Gericht prüfte sorgsam alle Indizien. Sechs Monate dauerte der Prozess. Sechs Monate Geduld kostete er die Prozessbeteiligten und verlangte Beherrschung der Emotionen.

Viele Mitglieder der Neonaziszene des Ortes wurden als Zeugen geladen. Es war eine Prozession der Eingeschränktheit und der geistigen Armut. Eine Litanei des Unwissens und der Feigheit.

Sechs Monate saßen die Täter direkt vor den Eltern ihres Mordopfers. Sie kannten Annas Eltern gut. Zur linken Seite des Gerichtes saßen die Angeklagten mit ihren Verteidigern, rechts der Staatsanwalt, die Sachverständigen und die Nebenkläger – also Annas Eltern. Und obwohl die Täter gezwungen waren, den Eltern ihres Opfers von Angesicht zu Angesicht zu begegnen, spürte man bei beiden weder tief greifende Reue noch eine emotionale Anteilnahme am Martyrium der beiden Eltern, die all die schrecklichen Einzelheiten ertragen mussten, über die gesprochen wurde. Lippenbekenntnisse, vehemente Gegenbeschuldigungen, demonstratives Kopfschütteln bei den jeweiligen Anschuldigungen des anderen. Das Wort Empathie – sich also in die Gefühle anderer Menschen hineinzuversetzen und Mitgefühl zu entwickeln – blieb für beide tatsächlich ein Fremdwort. Es war für sie immer etwas Unbekanntes gewesen, wie ihre Lebensgeschichte, ihre Einstellungen, ihre Haltungen und ihre Taten, die ich noch darstellen werde, zeigen.

Annas Tod – ein vorprogrammierter Weg

Axels Weg

Der junge, große, schlanke Mann mit dem knochig betonten Gesicht redete und redete, gestikulierte mit den Armen und zappelte mit den Beinen, als er über Annas Ermordung sprach. Mit einem Ziel: mich zu überzeugen, dass er an Annas Tod nicht schuldig sei. Mich und die anderen und sich selbst. Irgendwann begann er, sich zu wiederholen, denn es gab nichts mehr zu erzählen. Doch es gab noch viel zu fragen. Antworten waren aber keine mehr da.

»Ich komme heute Nachmittag, nach der Mittagspause, noch einmal. Dann sprechen wir nur über Sie«, sagte ich, bevor ich Axel das erste Mal verließ.

»Über mich?«, fragte er und sah mir neugierig in die Augen.

»Ja, über Sie. Ich möchte alles über Sie wissen.«

»Was wollen Sie von mir wissen?«

»Einfach alles«, sagte ich und verabschiedete mich vorläufig von ihm.

Als ich in den frühen Nachmittagsstunden wieder das erste schwere, eiserne, elektronisch gesicherte Tor des Gefängnisses durchfuhr und in der Sicherheitsschleuse wartete, dache ich: »Was wird Axel über sich selbst erzählen?«

Eine eher rhetorische Frage, die ich mir da stellte. Ich war nicht wirklich gespannt. Inzwischen habe ich über fünf Dutzend Täter wie Axel untersucht. Verbrecher aus der Neonaziszene. Und so ahnte ich schon, was da auf mich zukommen würde. Die Biographien sind ähnlich, die Wege sind ähnlich, das Elend ist ähnlich.

Als wir uns im Untersuchungszimmer wieder gegenübersaßen, nur durch einen Schreibtisch getrennt, sagte ich: »Ich möchte alles über Sie wissen. Versuchen Sie bitte, ehrlich und offen mit mir zu reden. Das ist die Voraussetzung für eine objektive Beurteilung. Es ist auch die Voraussetzung dafür, dass Ihnen eventuell geholfen werden kann.«

»Wie soll ich anfangen?«, fragte Axel etwas ratlos und unsicher.

»Erzählen Sie mir zunächst von Ihrem Elternhaus. Über Ihren Vater und Ihre Mutter, dann können Sie mir von Ihrer Kindheit und Ihrer weiteren Entwicklung berichten.«

Und Axel begann zu erzählen. Solange er über seine Familie und seine Kindheit sprach, gestikulierte er nicht mehr und zappelte auch nicht mehr so mit den Beinen, wie er es in den Vormittagsstunden getan hatte, als er über Annas Ermordung gesprochen hatte. Sein Verhalten war wechselhaft. Er schwankte zwischen Traurigkeit und Aggressivität, Resignation und Protest. Ein friedliches Familienleben hatte Axel nicht kennen gelernt. Seine Eltern wurden geschieden, als er zwölf Jahre alt war. Den Grund dafür kenne er nicht, sagte er, und wollte auch nicht weiter darüber sprechen. Als ich ihn näher zu den Scheidungsgründen befragte, antwortete er: »Ach, es war alles nur blabla und Blödsinn.« Nach der Scheidung der Eltern ging er freiwillig zum Vater, während die beiden Geschwister bei der Mutter blieben. Er dachte, er würde es dort besser haben. Den Vater, Kraftfahrer von Beruf, der auch schon im Gefängnis gewesen war, beschrieb er als »eigenartigen Kerl«, jähzornig und diktatorisch. »Es gab nichts, worüber wir nicht gestritten hätten. Mein Vater wollte mich streng marxistisch-leninistisch erziehen. Und ich war dagegen. Ich habe ja eine andere Meinung als die des Marxismus-Leninismus, und das passte ihm nicht in den Kram.«

»Aber sagen Sie mir bitte«, unterbrach ich ihn, »wie alt waren Sie denn, als die DDR zusammenbrach?«

»Ich war damals zehn Jahre alt.«

»Und wie alt waren Sie, als Sie zu Ihrem Vater zogen?«, fragte ich weiter.

»Zwölf Jahre.«

»Also nach dem Zusammenbruch der DDR und nach der Wiedervereinigung. Etwas spät für Marxismus-Leninismus, oder?«, schlussfolgerte ich.

»Ja«, antwortete Axel leise und etwas verlegen.

»Wie würden Sie Ihre jetzige Beziehung zu Ihrem Vater bezeichnen?«, fragte ich weiter.

»Als sehr angespannt. Meine politische Orientierung gefällt ihm nicht. Fast jeden Tag hatten wir Streit, und fast jeden Tag hat er mich aus der Wohnung geworfen.«

Ich forderte Axel auf, mir etwas über seine Mutter zu berichten.

»Meine Mutter? Was soll ich über sie erzählen? Die hat mich auch aus der Wohnung geworfen.«

»Ich dachte«, unterbrach ich ihn, »Sie wohnten beim Vater.«

»Na ja, aber der hat mich auch immer wieder rausgeworfen. Dann bin ich zu meiner Mutter gegangen. Die hat mich aber auch rausgeworfen, nachdem ich von der Polizei wegen meiner politischen Aktivitäten verhaftet wurde. Sie sagte, sie wolle keinen Nazi in ihrem Haus haben.«

Axel erzählte mir, dass seine Mutter wahrscheinlich Mitte 40 sei, genau konnte er es nicht sagen. Er wusste auch nicht, welchen Beruf sie hat. »Sekretärin oder so was. Ich glaube, sie macht was in einem Büro«, meinte er. »Sie ist ein sehr guter Mensch. Hilfsbereit. Wir haben eine ganz gute Beziehung.«

»Wirklich?«, hakte ich nach. Gleichzeitig ließ ich erkennen, dass ich mehr wusste, als er mir erzählte.

»Na ja, ich habe meine Mutter einige Jahre lang nicht gesehen. Obwohl wir in derselben Stadt und im selben Viertel wohnten. Mein Vater hat mir verboten, Kontakt zu ihr zu haben. Nur von weitem haben wir uns gesehen. Wenn wir uns zufällig begegneten, haben wir uns gegrüßt, dann sind wir weitergegangen.«

»Warum hat Ihnen Ihr Vater verboten, eine Beziehung zur Mutter zu haben?«

»Er meinte, sie sei schlecht. Er erzählte nur Schlechtes über sie. Sie sei ein schlechter Mensch, und deshalb dürfe ich keine Beziehung zu ihr haben. Auch zu meinem jüngeren Bruder und meiner jüngeren Schwester durfte ich jahrelang keine Beziehung haben. Erst später, als ich volljährig wurde, begann ich Beziehungen zu meinen Geschwistern aufzubauen. Mein Bruder sitzt auch hier im Gefängnis. Der hat mit anderen zusammen Feuer in einem Wohnhaus gelegt, wo Vietnamesen wohnen.«

»Sie wurden einmal zusammen verhaftet, soviel ich weiß«, bemerkte ich. »Damals, bei dem Prozess, in dem es um die Ermordung von Alberto Adriano ging. Wenn ich richtig informiert bin, standen Sie zusammen vor dem Gerichtsgebäude und riefen: ›Gut so. Noch mehr tote Schwarze. Es leben die Helden‹, oder so ähnlich. Stimmt das?«

»Ja«, antwortete er leise.

»Der Brandanschlag auf das Wohnhaus der Vietnamesen fand nach dieser Verhaftung statt?«, fragte ich nach.

»Ja, erst vor kurzem.«

»Könnten Sie mir noch mehr über Ihre Familie erzählen?«

»Was gibt es da schon großartig zu erzählen? Das ist alles, was es gibt.«

Doch es gab viel mehr über Axels Familie zu erzählen. Ich traf seine Mutter, und wir haben lange über die familiären Verhältnisse und über Axels Kindheit und Jugend gesprochen.

Axels Mutter erzählte mir über ihre zerrüttete Familie und Axels gestörte Kindheit. Gewalt war von Seiten ihres Mannes gegen sie und die Kinder an der Tagesordnung gewesen. Wiederholt hatte sie Zuflucht im Frauenhaus gesucht, um sich und die Kinder vor seinen Schlägen, seinem Zorn und seinen Ungerechtigkeiten zu schützen. Auch nach der Scheidung änderte sich für Axel nichts. Der Vater trank und prügelte ihn. Axel wurde vernachlässigt, konnte tun und lassen, was er wollte und ging nur zur Schule, wenn er Lust hatte. Leider hatte er nur selten Lust darauf. Er trieb sich viel lieber mit Cliquen umher, beging Diebstähle, Einbrüche in Handy-Läden und in Nachbarkellern. Er wurde mehrmals vom Vater auf die Straße gesetzt, wenn sie Meinungsverschiedenheiten hatten.

Es blieb nicht aus, dass die Schule zur Nebensache wurde. Während der Untersuchung fragte ich Axel, wie lange er die Schule besucht habe. Darauf gab er mir zur Antwort: »Ich habe meine Schulpflicht in Sachsen-Anhalt erfüllt.«

»Wie lange war das?«, hakte ich nach.

»So lange, wie die Schulpflicht in Sachsen-Anhalt ist.«

»Wie lange?«, fragte ich erneut.

»Elf Jahre.«

»Nach welcher Klasse haben Sie die Schule verlassen?«

»Nach der siebten Klasse.«

Axel ist drei- oder viermal sitzen geblieben. Tage-, wochen-, monatelang ging er nicht hin. Niemand fragte, wo das Kind war. Der Vater nicht, mit der Mutter sprach er sowieso nicht, aber auch die Schule kümmerte sich nicht darum.

War er mal in der Schule, gab es Prügeleien, Hänseleien und Krach. Nicht nur mit den Mitschülern, auch mit Lehrern gab es ständig Probleme.

»Die waren mir alle zu doof. Sie erzählten nur Blödsinn.« Nach der Schule begann Axel mit einer Berufsausbildung. Doch auch dort wurde er entlassen, weil er nur »gebummelt« hat. Er hatte kein Interesse an einer Berufsausbildung.

Sehr früh machte Axel Bekanntschaft mit dem Alkohol. Mit zwölf Jahren begann er regelmäßig zu trinken. Bier, Wein und Schnaps. Sehr jung, schon als Kind, begann er mit Diebstählen und Einbrüchen. Trotz seines jungen Alters hat er bereits sechsmal vor Gericht gestanden. Wegen Diebstahls, Sachbeschädigung, Unterschlagung und zuletzt wegen Raubes. Axel wurde wütend, als er über den letzten Raub sprach. »Den Raub habe ich nicht begangen. Ich war gar nicht dabei. Bert hat das getan und mir das dann in die Schuhe geschoben. Und ich wurde am 20. April 2000, an Hitlers Geburtstag, verurteilt.«

An diesem Tag beendete er auch vorläufig seine freundschaftliche Beziehung zu Bert und endgültig die zu seiner Freundin Claudia, der Mutter seines Sohnes Erik. Claudia hatte er drei Jahre zuvor kennen gelernt. Auch sie ist ein überzeugter Neonazi. Ihr gemeinsames Kind tauften sie Erik, wie Erik, der Wikinger. Das Kind wurde kahl geschoren und musste Kleidung mit Neonaziemblemen tragen. Solange Axel wegen des Raubes in Haft saß – der übrigens kein einfacher Raub war, sondern rassistisch motiviert, ein Inder war von ihnen beraubt und gedemütigt worden –, versammelte Claudia die Neonazigruppe in ihrer Wohnung. Dort wurde gesoffen und gesungen – schreckliche Lieder. Bert – Axels Freund – und Claudia – Axels Lebensgefährtin – schliefen dann auch miteinander. Zwei bis drei Wochen wohnten sie sogar zusammen. Doch dann wurde Axel völlig unerwartet vorzeitig entlassen. Bert zog aus, aber Axel zog nicht wieder bei Claudia ein. Die Freundschaft zwischen Axel und Bert fand ein vorläufiges Ende. Wenige Monate später lebte sie in den rechtsextremistischen Kreisen aber wieder auf. Sie schmiedeten wieder gemeinsame Pläne, Frauen zu schänden, Ausländer zu töten – und Claudia zu ermorden.

»Claudia zu ermorden? Sie meinen die Mutter Ihres Kindes?«, fragte ich sichtlich bemüht, das Unglaubliche zu neutralisieren.

»Ja«, antwortete er gereizt. »Die anderen aus der Szene haben das gesagt.«

»Ihre Kameraden haben aber ausgesagt, *Sie* hätten geäußert, Sie wollten Claudia, Ihre frühere Lebensgefährtin und Mutter Ihres Sohnes, umbringen.«

»Nicht ich wollte das. Die haben mich aufgefordert, Claudia umzubringen. Ich habe nur ›ja, ja‹ gesagt, wie man das eben so sagt.«

»Ihre Kameraden haben Sie aufgefordert, Claudia, die Ihre

Lebensgefährtin war und selbst zu den harten Neonazis gehört, zu ermorden?«

»Ja, die waren der Meinung, die hätte es trotzdem nicht verdient zu leben.«

Ich forderte Axel auf, mir etwas über seine Beziehung zu Claudia zu erzählen.

»Mit Claudia war ich zwei Jahre zusammen. Wir haben ein gemeinsames Kind, Erik. Während meiner letzten Inhaftierung ist die Beziehung zu Ende gegangen. Es war keine Beziehung mehr. Ich habe von anderen Leuten erfahren, dass sie ständig Partys machte und mit anderen zusammen war. (Axel erzählte kein Wort darüber, dass sein Freund und Mittäter Bert während seiner Inhaftierung bei Claudia gewohnt und mit ihr eine sexuelle Beziehung gehabt hatte.) Nach Beendigung dieser Beziehung hatte ich auch zu meinem Sohn keinen Kontakt mehr. Unterhalt brauchte ich nicht zu zahlen.«

»Und noch einmal: Wer wollte, dass Claudia stirbt?«, wollte ich wissen.

»Ich wollte das nicht. Das wollten die anderen. Die sagten immer, ich soll mir von ihr nicht alles gefallen lassen. Die ist mir untreu gewesen. Das haben mir die Kameraden erzählt. Diese Partys hat sie auch mit den Kameraden gefeiert, aber nicht mit allen.«

Mir kam in diesem Zusammenhang das Lied einer rechtsextremistischen Band zum Thema der »untreuen Frau« in den Sinn, in dem es darum geht, was mit der »kleinen miesen Schlampe« geschehen soll:

> Ich hau dich weg,
> ich mach dich kalt,
> ich komm zu dir als Angstgestalt.
> Ich bring dich um und töte dich,
> dein kleines Hirn, das fresse ich.
> ...

Ich glaub irgendwann, da komm ich zu dir,
wenn es dann klingelt, steh ich vor deiner Tür.
In meiner Hand werde ich ein Messer haben,
wenn ich dich dann hab, dann gibt es kein Erbarmen.

So singen die »Standarten«, eine Band, die Neonazilieder macht.

»Ich habe gesagt, dass ich Claudia umbringen würde, weil die anderen das von mir erwartet haben. Aber so habe ich das gar nicht gemeint. Bei uns wird ständig davon gesprochen, dass jemand umgebracht werden soll. Das ist aber nicht so ernst gemeint.«

Ich warf ein, dass aber jemand ermordet worden war. Einer der Mörder von Alberto Adriano gehörte ja zu Axels und Berts engen Kreisen. Und auch Anna wurde umgebracht.

»Das habe aber nicht ich getan«, erklärte Axel.

»In Ihren Neonazikreisen wird also ständig davon gesprochen, jemanden umzubringen. Habe ich Sie da richtig verstanden?«, fragte ich.

»Ja. Aber das wird nur so gesagt.«

»Nur so?«, fragte ich. »Ihr Mitangeklagter Bert hat ausgesagt, dass Sie Mädchen hassen, seitdem Sie von Claudia sitzen gelassen worden sind. Sie sprechen seither häufiger darüber, Frauen schänden zu wollen. Und er sagte auch, dass Sie Claudia angeblich umbringen wollen, wenn Erik sechs Jahre alt wird. Was sagen Sie dazu?«

»So konkret habe ich das nicht gesagt. Ich wollte Erik gern bei mir haben, aber solange er noch so klein ist, kann ich nichts mit ihm anfangen. Daraufhin hat Bert das Märchen erzählt, ich wolle Claudia erst dann umbringen. Aber wissen Sie, in unseren Kreisen ...«

»Sie meinen die Rechtsextremisten?«, unterbrach ich ihn.

»Ja, ja. Dort wird ständig davon gesprochen, irgendjemanden umzubringen. Man sagt das einfach so.«

»Anna jedenfalls ist tot.«

Die »Auschwitzlüge«, Frauen schänden . . . und andere »Ideale«

Axel gehört seit seinem zwölften Lebensjahr den Neonazis an.

»Aber nicht zu denen, die nur eine Glatze tragen und weiche Nazimusik hören. Das ist Blödsinn. Ich gehöre zu denen, die was ändern wollen. Die meisten Nazilieder finde ich blödsinnig und zu weich. Ich liebe rechtsextremistische Musik, aber die mit harten Inhalten. Ja, ich gehöre zu den Neonazis, aber nicht zu den Softies.«

»Was hat Sie dazu bewogen«, fragte ich, »sich den Neonazis anzuschließen?«

»Es gibt dafür viele Gründe. Wir könnten den ganzen Tag darüber sprechen, zum Beispiel das mit der Lüge, dass angeblich sechs Millionen Juden vergast worden sind.«

»Sie meinen, Sie glauben nicht, dass sechs Millionen Juden getötet wurden?«

»Natürlich nicht«, antwortete er, stark gestikulierend, »ich lasse mich nicht von dem Blödsinn beeinflussen. Ich habe da mal einen sehr schönen Bericht gesehen, der den Namen ›Sklaven in Gaskammern‹ trug. In diesem Bericht ging es um Gefangene in Birkenau und Auschwitz, die dort gearbeitet haben. Sie waren dafür zuständig, die Toten aus der so genannten Gaskammer rauszuholen. Gaskammer in Anführungszeichen, wohlgemerkt. Sie haben ausgesagt, dass die Köpfe der Leichen zerplatzt gewesen seien. Einer von denen hat ausgesagt, dass er in der Gaskammer war und dort seiner Arbeit nachging, als plötzlich das Fenster aufging und ein SS-Mann einen Kanister mit Gift hineingeworfen hat. Durch das Fenster Gift? Also nun! Ein anderer hat Bilder von der Gaskammer gemalt, worauf zu sehen ist, dass die Gaskammern unterirdisch und fensterlos waren. Schauen Sie mal, was das für ein Widerspruch ist. In diesem Bericht waren nur Widersprüche. Einer zum Beispiel hat von sechs oder sieben Krematorien gesprochen, dabei hat es dort nur fünf gegeben.«

»Was wollen Sie damit sagen?«, fragte ich und versuchte, meine Betroffenheit für mich zu behalten.

»Daraus schließe ich, dass die Leute im Nachhinein versuchen, aus den damaligen Sachen Kapital zu schlagen und damit auf die Tränendrüsen zu drücken. Nein, weder Gaskammern gab es noch wurden Juden vergast. In Auschwitz wurden keine Juden vergast. Das haben die Leute erzählt, um Entschädigungen zu bekommen.«

Axel redete so, wie er es in den vielen Liedern der Neonazis immer wieder gehört und mitgesungen hatte. So wie bei einem Lied der Neonaziband »Kraftschlag«:

Scheiß auf die 6-Millionen-Lüge.
Juden raus, Juden raus!
Eine so hohe Zahl ist gelogen,
seit 1945 werden wir betrogen.
Gaskammer, Gaskammer.
Die Juden sind alle noch am Leben.
Wehrt euch, ihr habt die Wahl.
Kämpft dafür.
Heil, Heil, Heil!
Deutschland erwache, Juda verrecke.

»Können Sie mir denn sagen, was mit den Juden geschehen ist?«

»Weiß ich nicht genau. Manche wurden vielleicht erschossen, weil sie etwas angestellt hatten, oder sie sind geflüchtet. Sechs Millionen . . . Nie im Leben kann das stimmen.«

»Also wurden keine Juden ermordet«, beharrte ich.

»Doch, es sind mit Sicherheit viele umgekommen. Aber auch Deutsche, Russen, Engländer, Amerikaner waren in Gefangenenlagern. Nicht nur Juden.«

»Können Sie mir sagen, warum man damals überhaupt Juden erschossen hat – wie Sie es bezeichnen?«, fragte ich.

»Es muss damals Gründe dafür gegeben haben«, meinte Axel. »Aber ich habe keine weiteren Informationen. Oder es gibt viele Informationen, alles ist jedoch eine Sache der Auslegung. Jeder legt es anders aus. Ich gehe davon aus, dass viele, auch Juden, bei Arbeitseinsätzen oder durch Krankheiten umgekommen sind.«

»Warum mussten gerade Juden in die Konzentrationslager?«, wollte ich wissen.

»Die Juden müssen wohl mal was falsch gemacht haben, wenn die Nazis sie als lebensunwürdig bezeichnet haben. Aber das hat mit Nazis wenig zu tun. Die Verfolgung der Juden zieht sich doch wie ein roter Faden durch die ganze Geschichte. Gründe gibt es dafür genug. Die Juden meinen manchmal, die könnten alles tun. So zum Beispiel mit der Verfolgung der Palästinenser. Und die Juden haben schon versucht, Tausenden anderen Menschen ihren Glauben aufzuzwingen.«

»Die Juden oder die Christen oder auch die Moslems?«

»Ja«, meinte Axel, »das hängt nicht nur mit den Juden zusammen. Fast alle religiösen Sachen mag ich nicht. Ich mag die Katholiken zum Beispiel überhaupt nicht. Durch die Ketzerei und die Inquisition haben die Katholiken damals viele Leute umgebracht. Da muss ich den Kopf schütteln.«

»Und die Protestanten?«

»Ich weiß wenig darüber. Ich glaube, die Protestanten sind die, die bei der Krönung, wenn sie zum Kaiser oder König gekrönt werden, keine Krone aufsetzen würden, weil sie der Meinung sind, dass die Krone nur Gott gehört. Darüber habe ich vor kurzem eine Sendung im Fernsehen gesehen.«

»Aber die deutschen Protestanten haben doch gar keinen Kaiser«, warf ich ein.

»Ich weiß über die deutschen Protestanten nichts. Ich habe keine Ahnung, was die glauben. Aber ich weiß, dass die Juden die Urchristen sind. Im Grunde genommen sind die beiden Glaubensrichtungen, die Katholiken und die Juden, gar nicht so verschieden in ihrem Glauben. Nur mit den Schlachten gibt es etwas, das die beiden unterscheidet. Aber ich weiß nicht, was.«

»Welche Gemeinsamkeiten gibt es noch zwischen Katholiken und Juden?«

»Ja, beide glauben an Jesus Christus. Nur, die Juden berufen sich mehr auf das ›Alte Testament‹.«

»Sind Sie sicher, dass die Juden an Jesus Christus glauben?«, fragte ich.

»Hm . . . Nee. Ich bin mir nicht sicher. Auf jeden Fall glauben Juden und Katholiken an denselben Gott.«

»Und die Protestanten?«

»Die Protestanten? Na ja, ich denke, die glauben auch an denselben Gott. Aber genau weiß ich es nicht.«

»Was verbinden Sie mit den Juden?«, wollte ich wissen.

»Dass sie lebensunwürdig sind.«

»Wie bitte?«

»Schauen Sie, nach dem 11. September haben die einen ›Freibrief‹ bekommen, für einen uneingeschränkten Terror an den Palästinensern. Das verbinde ich unmittelbar damit, dass die Juden lebensunwürdig sind. Man verbindet auch in groben Zügen die Geldgier mit den Juden. Überall, wo das Kapital ist, wie damals die ganzen Diamantenhändler und so, dort werden sich alle Juden versammeln. Man sagt ja nicht umsonst: ›Du warst wohl auf der Handelsschule in Jerusalem?‹. Dort wird nur betrogen. Ja, ich meine es ernst, dass die Juden lebensunwürdig sind.«

Ich musste mich zusammennehmen, um meine professionelle Neutralität aufrechtzuerhalten, und fragte dann: »Könnten Sie mir etwas über Ihre gemeinsamen Aktivitäten mit Bert in den Neonazikreisen erzählen?«

»Im Großen und Ganzen haben Bert, ich und ein paar andere unser eigenes Ding gemacht. Wir haben solchen Blödsinn wie Flugblätterverteilen nicht mitgemacht. Wir haben auf den richtigen Zeitpunkt gewartet, um etwas zu verändern.«

»Was zum Beispiel wollten Sie verändern?«

»Das ganze korrupte System muss geändert werden. Dieses System in Deutschland ist korrupt. Es muss geändert werden. Die Leute, die tatsächlich das Sagen haben, sitzen in Vorständen und Großkonzernen – das hat übrigens schon Marx gesagt. Diese Leute haben das Sagen. Und nicht ein Herr Schröder. Der hat nichts zu sagen. Das Kapital hat das Sagen. Die Großkonzerne müssen verstaatlicht werden. Die müssen dem Volk gehören, nicht irgendwelchen einzelnen Leuten. So wie damals in der DDR.«

»Aber das DDR-System ist zusammengebrochen«, bemerkte ich.

»Ja, aber die Grundidee war richtig. Und ich finde es traurig, dass sie zusammengebrochen ist.«

»Entschuldigen Sie bitte«, unterbrach ich Axel, »Sie haben mir heute Morgen gesagt, dass Sie den Marxismus-Leninismus hassen und die ›rote Ecke‹ Ihres Vaters nicht mochten.«

»Ja, ja. Hm. Aber der Sozialismus hat mit dem Kommunismus nichts zu tun.«

»Und was ist der Unterschied?«, fragte ich mit einigen Hintergedanken.

»Na ja, den richtigen Kommunismus hat es nie gegeben. Der Unterschied steht in einem komischen Lehrbuch. Ich habe das überflogen, und ich weiß nicht, welche Vorstellung Herr Lenin hatte. Eigentlich unterscheiden sich meine eigenen Ideen kaum von denen des Herrn Lenin.«

»Ja, welche sind es denn?«, wollte ich wissen.

»Die Grundideen von Lenin und einem Herrn Marx sind nicht falsch gewesen. Bloß, wie die das angepackt haben, das war ein Fehler. Sie hatten eigentlich guten Ideen. Und das ist meine ganz persönliche Meinung.«

»Nennen Sie mir doch diese guten Ideen, die auch Ihre eigenen sind.«

»Das kann ich nicht im Einzelnen sagen«, meinte Axel, »ich habe sie bloß überflogen.«

»Aber Sie sagten mir, dass Sie alle Lieder der ›Landser‹ auswendig kennen, weil die von großer Bedeutung für Sie sind. In einem davon heißt es:

> Ich hasse Kommunisten,
> ich hasse Kommunisten,
> fahrt zur Hölle,
> ihr verdammten Bolschewisten.

Wie vereinbaren Sie das mit Ihrer Einstellung?«

»Es geht nur um die Grundidee.«

Ich wechselte das Thema und fragte Axel: »Sie haben mir erzählt, dass Sie gern rechtsextremistische Musik hören. Was zum Beispiel?«

»Ich habe fast alle Lieder gehört. Die ›Landser‹ habe ich gehört und ›Extrem Hatred‹. Auch die ›Zillertaler Türkenjäger‹, ›Schlagkraft‹, die ›Standarten‹ und solche Bands gehörten dazu. Ich selbst habe auch solche Lieder gemacht und sie mit den anderen gesungen. Wir haben Titel gespielt wie ›Blut muss fließen‹ und solche üblichen Texte. So Texte wie ›Messer im Judenleib‹ und so was.«

»Erzählen Sie mir bitte, wovon das Lied ›Blut muss fließen‹ handelt«, bat ich Axel.

»Es handelt davon, dass man ein Messer in den Judenleib flutschen lässt.«

> Wetzt die langen Messer auf dem Bürgersteig,
> lasst die Messer flutschen in den Judenleib.
> Blut muss fließen, hageldick.
> Und wir scheißen auf die Freiheit dieser Judenrepublik.

»Kennen Sie auch das ›Afrikalied‹?«, wollte ich wissen.

»Ja, natürlich kenne ich das sehr gut. Da wird gesagt, dass die

Afrikaner Affen sind, die man im Klo runterspülen oder erhängen sollte. Nur ein einziger Schwarzafrikaner soll überleben und in einem Käfig im Zoo ausgestellt werden. Zur Abschreckung.«

»Sie sind also mit dem Inhalt dieser Lieder einverstanden?«, fragte ich nach.

»Ja, natürlich.«

»Haben Sie denn schon jemals einen Juden gesehen?«

»Ja, einmal. Der stand vor einer Synagoge. Es war an seinem Outfit zu erkennen, dass er ein Jude ist.«

»Haben Ihnen die Juden persönlich etwas getan?«, fragte ich Axel.

»Nein«, meinte er, »ich kenne doch gar keinen persönlich.«

»Warum«, fragte ich weiter, »sollen Schwarzafrikaner ins Klo gespült oder erhängt werden? Und warum nennen Sie diese Menschen Affen?«

»Es gibt einen Unterschied zwischen Schwarzen und Weißen. Das habe ich irgendwo mal gelesen. Ein Schwarzafrikaner soll demnach einen Knochen mehr haben als der Mitteleuropäer. Vom Knochengerüst her ist also ein Unterschied vorhanden. Auch die Hautfarbe ist natürlich anders. Und auch andere, markante Sachen. Aber darüber möchte ich nicht weiter sprechen, denn das hat mit unserem Thema, also mit Annas Ermordung, nichts zu tun.«

»Denken Sie wirklich, dass all das nichts mit Annas Tod zu tun hat?«

»Warum sollte es damit etwas zu tun haben?«

»Das werden wir noch sehen. Jetzt habe ich noch einige andere Fragen. Als Sie Annas Leiche beseitigen wollten, trugen Sie Hosen mit dem Aufdruck ›Ku-Klux-Klan‹. Können Sie mir genauer erklären, was das zu bedeuten hat?«

»Die einen meinen, dass der Ku-Klux-Klan eine Bürgerrechtsinitiative ist. Manche andere sagen, es handelt sich um Terroristen. Ich selbst denke, das ist eine Bürgerrechtsinitiative. Der Ku-

Klux-Klan kämpft für die Rechte des weißen Mannes, vor allem in Amerika.«

»Sie sind der Meinung«, fragte ich, »dass die Weißen in Amerika unterdrückt werden?«

»Das kann ich schlecht sagen. Aber wenn es solch eine Bürgerrechtsinitiative gibt, dann muss das wohl so sein. Die Wahrheit ist, dass die Weißen in Amerika eine aussterbende Minderheit sind. Und der Ku-Klux-Klan versucht, das in Grenzen zu halten.«

»Und wie macht das denn der Ku-Klux-Klan?«

»Ich weiß nicht. Ich bin ja kein Mitglied. Aber ich weiß, dass Demonstrationen stattfinden und Flugblätter verteilt werden. Mehr kann ich darüber auch nicht sagen, denn ich habe ja nichts damit zu tun. Ich bin ja kein Mitglied. Über den Ku-Klux-Klan möchte ich nicht weiter sprechen.«

Diesen Wunsch akzeptierte ich. Doch bevor ich weiter fragte, dachte ich wieder an eines der Lieder der selbst ernannten »Terroristen mit der E-Gitarre«, der »Landser«:

Gestern noch die Peitsche fürs Aufmucken,
heute dürfen sie schon eine weiße Frau frech ankucken.
Nigger, Nigger raus aus unserem Land.
Nigger, Nigger raus aus unserem Land.
...
Aber nicht mehr lange, dann seid ihr dran,
dann gibt es auch hier den Ku-Klux-Klan.
Wenn in der Nacht die Kreuze brennen,
dann könnt ihr stinkenden Kaffer um euer Leben rennen.

»Sie haben mir erzählt«, fuhr ich fort, »dass Sie beide nach Annas Ermordung etwas über Kult in dem Sinne besprochen haben, dass Sie es so wie Möbus, der Satanist, machen würden. Was finden Sie gut an dem Satanisten Möbus, der ja auch ein Mörder ist?«

»Der ist ein intelligenter Mensch und hat allen gezeigt, was er kann. So wurde der zum Beispiel hier in Deutschland gesucht. Der war aber zwischenzeitlich in Amerika und hat dort Asyl beantragt.«

»In den Zeugenvernehmungen steht dazu aber viel mehr. Hier steht, Sie hätten sich viel positiver über Möbus geäußert.«

»Das wurde von uns erwartet, von Bert und mir. Es wurde in unserer Clique erwartet, dass wir eine besondere Rolle spielen. Eine andere als die anderen. Und weil im Fernsehen und in den Medien darüber berichtet wurde, wie furchtbar Möbus ist und welche schlimmen Dinge der gemacht hat, haben wir uns automatisch positiv dazu geäußert. Egal, ob wir der Meinung waren oder nicht.«

»Ihre Neonazikameraden«, sagte ich, »haben erzählt, dass Sie der Meinung waren, der kleine Junge, das Opfer von Möbus, habe es nicht anders verdient.«

»Ja, wir haben gesagt, dass wir gut finden, was Möbus getan hat. Aber aus den bereits genannten Gründen. Wir haben gesagt, es war gut, was dem Opfer passiert ist, weil die anderen das von uns erwartet haben.«

»Ihre Kameraden aus der Neonaziszene haben ausgesagt, dass Sie Möbus auch auf andere Weise nachahmen wollten.«

»Aber nicht mit Tötungen und so was. Wir wollten wie Möbus Asyl beantragen.«

»Asyl?«, fragte ich. »Wo denn und warum?«

»In Dänemark.«

»Warum gerade in Dänemark?«

»Weil in Dänemark die Nazis nicht verfolgt werden. Im Grunde genommen sympathisieren dort alle mit den Nazis.«

»Mit welcher Begründung wollten Sie Asyl beantragen?«

»Wir wollten flüchten, weil wir dieses Land hier, ich meine die Bundesrepublik Deutschland, nicht gemocht haben. Aber ich habe mal einen Beamten gefragt, wie man einen Asylantrag stellt. Und der hat mir erläutert, dass man als deutscher Staatsbürger kein politisches Asyl im Ausland beantragen kann, weil angeblich in Deutschland Meinungsfreiheit herrsche und hier niemand politisch verfolgt würde.«

»In den Zeugenvernehmungen wird auch über einen geplanten Bankraub gesprochen.«

»Das war eine Idee von Bert. Das haben wir aber nicht gemacht. Bert war der Meinung, wir würden größere Geldbeträge benötigen. Aber das war nur so eine Idee von ihm.«

»Erzählen Sie mir bitte über Ihre Absichten, Prostituierte zu töten.«

»Na ja«, meinte Axel, »auch das war eine Idee von Bert. Er meinte, wir sollten zu den Tschechen in den Urlaub fahren. Dort sollten wir die eine oder andere Prostituierte töten. Bert hat gesagt, da unten falle sowieso niemandem auf, wenn eine oder zwei Prostituierte verschwinden würden. Das ist den Leuten da unten egal.«

»Warum sollten Sie denn die Prostituierten töten?«

»Das war so eine Idee von Bert. Der war der Meinung, dass die Prostituierten es nicht besser verdient hätten. Die Prostituierten dort in Tschechien hätten nicht verdient zu leben. Warum Bert das so gewollt hat, weiß ich nicht. Das war seine Idee. Ich sagte nur immer ›ja, ja‹. So, wie man das eben sagt.«

»Sie sagten schon wieder ›ja, ja, wie man das eben sagt‹«, bemerkte ich.

»Hm . . .«

»Finden Sie es nicht merkwürdig, wenn man sagt, der oder die hat es nicht verdient zu leben?«, fragte ich Axel. »Das wiederholt sich häufig bei Ihnen. Die Prostituierten haben nicht verdient zu leben, das Opfer von Möbus hat nicht verdient zu leben, die Schwarzen haben nicht verdient zu leben, die Juden haben nicht verdient zu leben und Anna hat auch nicht verdient zu leben. Was meinen Sie dazu?«

»Hm . . .«, war der einzige Kommentar von Axel. Dabei schien er äußerst nervös. Er spielte mit seinen Fingern auf dem Tisch und rotierte buchstäblich auf seinem Stuhl.

»Erkennen Sie jetzt, warum Annas Tod mit einer Menschenleben und Menschenwürde verachtenden Gesinnung wie der der Nazis, Alt- oder Neonazis, zu tun hat?«

Ich bekam von Axel keine Antwort darauf.

»War nicht auch die Rede davon, dass Sie Däninnen töten wollten?«, fragte ich weiter.

»Na ja, wir haben das aus Spaß gesagt, als wir im Urlaub waren. Bert hat gesagt, dass wir einige Däninnen fangen und in den Keller sperren sollten, um mit ihnen gemeinsam ›Met‹ zu brauen. Das war nur ein Scherz. Aber dann kam Bert auf die Idee, es wäre viel leichter, wenn wir zu den Tschechen fahren würden.«

»Die Zeugenvernehmungen Ihrer Neonazikameraden aber deuten darauf hin, dass Sie beide intensiv über die Tötung von Däninnen gesprochen haben.«

»Ja gut«, meinte Axel, »wir hatten das alle beide gesagt. Aber nur so, wie man das eben so sagt.«

»Ihre Kameraden haben ausgesagt, Sie wollten es wie die Wikinger machen. Was können Sie dazu sagen? Erzählen Sie mir bitte, welche Bedeutung die Wikinger für Sie haben.«

»Ich glaube an Odin. Die einen glauben an Gott, die anderen an Mohammed, wieder andere glauben an Odin. Ich persönlich glaube eben an Odin. Es gibt auch die Parole ›Odin statt Jesus‹.«

Axel bezog ja seine geistige Nahrung aus den Liedern der »Landser«, die auch Folgendes singen:

Wir wollen euren Jesus nicht,
das alte Judenschwein,
denn zu Kreuze kriechen
kann nichts für Arier sein.

»Zu diesem Glauben bin ich nach und nach gekommen«, fuhr Axel fort. »Ich habe da mal was im Fernsehen gesehen und irgendwo auch etwas darüber gelesen und gehört. Und das fand ich interessant, so habe ich das zu meinem Glauben gemacht. Aber alle in unserer Gruppe haben an diese Götter geglaubt. Auch Bert und die anderen mit rechtsextremistischer Gesinnung in unserer Clique.«

»Erzählen Sie mir bitte etwas über Odin«, bat ich Axel.

»Odin ist der Göttervater. Der hat drei Söhne. Thor ist der Gott des Donners, Deloki ist der Gott des Bösen und des Schabernacks. Dann gibt es noch Wotan, über den ist nicht viel bekannt. Ich weiß nur, dass Odin in Walhalla wohnt. Das ist die Ruhmeshalle der im Kampf gefallenen Recken. Dorthin kommt man über die Regenbogenbrücke, die das Reich der Sterblichen mit dem der Toten verbindet. Wenn man im Kampf fällt, kommt man auch nach Walhalla. Mehr kann ich dazu nicht sagen.«

»Was Sie mir erzählt haben, ist ›Wissen‹. Wenn man das so nennen darf. Aber was meinen Sie damit, dass Sie daran glauben? Beten Sie zu diesen Göttern?«

»Beten? Nein. Ich habe nie in meinem Leben gebetet. Man betet nicht zu diesen Göttern. Warum man nicht zu denen betet, weiß ich nicht. Damit habe ich mich nicht beschäftigt. Ich empfinde die nordischen Gottheiten als Aberglauben.«

»Aberglauben?«, fragte ich. »Sie sagten aber, Sie würden daran glauben.«

»Na ja . . .«

»Was haben diese Götter mit der Tötung von Menschen zu tun? Mit der Tötung von Schwarzen, von Juden, von Prostituierten und von Anna?«, wollte ich wissen.

»Weiß ich nicht. Das Ganze hat mit Adrian Schmidt angefangen. Der ist jetzt in einer geschlossenen Anstalt, weil der Alkoholiker ist und was verbrochen hat. Der war der Meinung, dass man Prostituierte und so was umbringen kann. Das ist doch sowieso egal. Die sind nur Abschaum und sind nicht wert, auf der Welt zu sein. Aber auch Juden sind lebensunwürdig. Da können Sie Schmidt fragen. Ich habe niemanden gefragt, weshalb, wieso und warum.«

»Wen haben Sie in Ihren Kreisen denn noch als lebensunwürdig bezeichnet?«

»Die Prostituierten, die Juden und andere Randgruppen wurden als lebensunwürdig bezeichnet. Die anderen Randgruppen sind zum Beispiel die Zigeuner und andere Minderheiten wie Kommunisten und so was. Bert erzählte darüber, dass die umgebracht werden sollten. Ich möchte hier aber nicht mehr darüber sagen.«

»Gut«, wechselte ich das Thema. »Und wie ist das mit dem Frauen-Schänden?«, wollte ich wissen.

»Na ja, das stand ja immer im Zusammenhang mit den Wikingern. Die Wikinger haben Frauen geschändet. Darüber haben wir gesprochen, ohne uns konkret etwas dabei zu denken.«

»Soviel ich weiß«, sagte ich, »singen die ›Terroristen mit E-Gitarre‹, wie Sie selbst ja die ›Landser‹ bezeichnen, doch in einem ihrer Lieder etwas vom Wikinger-Blut.«

Wir wecken die Kräfte, die in euch wohnen,
wir schüren den Hass und die Emotionen.
In unseren Adern kocht Wikinger-Blut,
in unseren Texten steckt deutsche Wut.

»Aber kommen wir noch einmal zurück zu Anna. Wie würden Sie Ihre Beziehung zu ihr bezeichnen?«

»Als freundschaftlich. Wir waren fast jeden Tag zusammen. Manche meinten, wir hätten was miteinander. Aber das war nur platonisch. Wir haben uns sehr gut verstanden.«

»Aber Anna wurde ermordet. Und das geschah zumindest in Ihrer Anwesenheit.«

»Ich habe das nicht getan.«

»Sie haben Anna aber auch nicht gerettet. Anna, Ihre Freundin und Kameradin. Warum haben Sie ihr nicht geholfen?«

Diese Frage konnte mir Axel nicht beantworten.

»Wissen Sie«, bemerkte ich, »was mir auffällt? Wir sprachen

so viele Stunden über Anna und ihre Ermordung, dabei habe ich kein einziges Mal bemerkt, dass Sie betroffen waren. Ich habe kein einziges Mal gesehen, dass Sie irgendeine Regung oder vielleicht sogar Reue gezeigt haben. Darunter verstehe ich natürlich nicht die Lippenbekenntnisse. Ich habe während der vielen Stunden nicht einmal gesehen, dass Sie Gefühle des Mitleids mit Ihrer Freundin und Kameradin gezeigt hätten. Kein Entsetzen darüber, was sie miterlebt und mitgemacht hat.«

»Natürlich tut es mir furchtbar Leid.«

»Noch einmal, bitte schön, ich meine nicht die Lippenbekenntnisse.«

Berts Weg

»Wie ist es dann dazu gekommen und wie war der Mord an Anna überhaupt möglich?«, fragte ich Bert.

»Weiß ich nicht«, war seine knappe Antwort.

Wusste er es tatsächlich nicht?

War nicht zu erwarten, dass Menschen, die andere vergasen, ihnen ein Messer in den Leib jagen, sie ins Klo spülen, an Bäumen aufhängen oder Frauen schänden wollen, die sich anmaßen, andere Menschen als lebensunwürdig zu bezeichnen, eines Tages auch eine solche Tat begehen könnten, wie sie die beiden begangen haben? War dieser Weg nicht bereits vorgezeichnet?

Bert kommt aus einer formell intakten Familie. Er weiß aber nicht, wie alt sein Vater ist und weiß auch nicht, welchen Beruf dieser gelernt hat. Den Vater konnte er nicht beschreiben, aber er meinte trotzdem, sie hätten eine ganz gute Beziehung zueinander. Seine Mutter, glaubt er, ist Verkäuferin gewesen. In der letzten Zeit hat sie eine Umschulung gemacht. Was für eine, weiß er jedoch nicht. Aber dass sie vorher als Verkäuferin gearbeitet hat, das weiß er. Nur wo sie gearbeitet hat, weiß er nicht.

»Könnten Sie mir Ihre Mutter beschreiben?«, fragte ich.

»Meine Mutter ...? Was soll ich über sie schon sagen? Mph, mph ... sie beschreiben? Was soll ich beschreiben?« Nach einer langen Pause gibt Bert an: »Sie ist aber nett. Mehr weiß ich nicht. Ja, meine Mutter ist mein Ein und Alles, ein Heiligtum. Sie ist eben meine Mutter. Sie hat immer zu mir gestanden. Sonst kann ich nichts weiter über sie sagen.«

Bert berichtet, dass er einen drei Jahre älteren Bruder hat, der verheiratet ist. Was der für einen Beruf hat, weiß er nicht. »Nein, wir haben keine Probleme miteinander. Wir sehen uns aber nur selten.«

In der Schule hingegen hatte Bert Probleme. Wegen eines Sprachfehlers wurde er ein Jahr später eingeschult. Einmal ist er sitzen geblieben. Den Abschluss der Realschule hat er nicht geschafft, deswegen hat er die Schule mit dem Hauptschulabschluss verlassen. Die Prüfungen sollte er wiederholen, nachdem er durchgefallen war. Doch das tat er nicht.

Auf die Schule hatte er keinen »Bock«. Deswegen war er ein schlechter Schüler. Er hat die Schule häufig geschwänzt, und dann wochenlang. Während der Schulzeit hat er viel Alkohol konsumiert, Nazilieder gesungen und gehört, Naziparolen gebrüllt. Mit den Lehrern hatte er viele Probleme. Wie er meinte, lag das alles an seiner »rechtsextremistischen Einstellung«. Nach der Schule fing er eine Lehre als Metallbauer an, die er aber nach zwei Monaten wieder abbrach. Später lernte er zwei Jahre lang den Beruf eines Hochbaufacharbeiters, aber einen Job hat er nie gehabt. Erst kurz vor seiner Inhaftierung hatte er eine Arbeitsbeschaffungsmaßnahme begonnen.

Bis zu seiner Inhaftierung versuchte er ein paar Mal sich umzubringen, so etwa durch Aufschneiden der Pulsadern. Auch erhängen wollte er sich, weil er »so die Schnauze von allem voll hatte«. Diese Versuche führte er jedoch nicht ernsthaft und nur in Anwesenheit anderer durch. Schon mit 13 oder 14 Jahren wurde er straffällig. Er beging Diebstähle und ein- bis zweimal wöchentlich gemeinsam mit anderen Einbrüche. Die entwendeten Sachen wurden verkauft, von dem erlösten Geld Alkohol besorgt. Auch wegen Hehlerei und Erpressung stand er schon vor Gericht, ebenso wegen Besitzes von Symbolen verfassungswidriger Organisationen.

Mit 15 Jahren fing er an, regelmäßig Alkohol zu konsumieren, vor allem Bier und Schnaps. Einmal musste er wegen einer Alkoholvergiftung ins Krankenhaus eingeliefert werden.

Bert hatte seit vier Jahren eine Freundin, alles lief angeblich prima zwischen ihnen. Später erfuhren wir vor Gericht, dass alles gar nicht so prima lief. Er ging nicht nur fremd und hatte eine Beziehung zu Axels Lebensgefährtin, wie bereits erwähnt, sondern es kam auch zu Gewaltausbrüchen und anderen schlimmen Szenen gegen seine Freundin. Mit ihr zusammengelebt hat er nie.

Bert hat ein sehr hohes Aggressionspotenzial. Frustrationen kann er schlecht ertragen. Dazu ist seine Empathiefähigkeit kaum ausgeprägt und seine Fähigkeit, eigene Verantwortlichkeit und eigene Schuld zu erkennen, ist sehr eingeschränkt. Die eigenen Interessen und die eigene Person stehen immer im Mittelpunkt, ohne Rücksicht auf andere. Berts Fähigkeit, aus Erfahrung zu lernen oder auch aus Strafe, ist als sehr gering zu bezeichnen. Seine Intelligenz ist mittelmäßig. Scham zu entwickeln, gelingt ihm kaum.

»Walhalla ist eine Glaubensrichtung«

Bert ist ein sehr überzeugter Neonazi. Seine Religion ist die Walhalla. Er erzählte mir darüber Folgendes: »Walhalla ist eine Glaubensrichtung. Es kommt von den Wikingern. Nach Walhalla kommen die gefallenen Krieger, und dort geht es nach dem Tod weiter. Da sind die ganzen Wikinger hingekommen. Vielleicht komme ich auch mal dort hin.«

»Nach dem Mord an Anna?«, fragte ich, nicht ohne Bissigkeit.

»Ähm?«

»Gibt es irgendwelche Götter in Walhalla?«, fragte ich schnell weiter.

»Ja, Odin und Thor. Aber mehr weiß ich nicht darüber.«

»Erzählen Sie mir doch bitte etwas mehr über diese Glaubensrichtung«, forderte ich Bert auf.

»Das ist alles. Mehr kann ich darüber nicht sagen.«

Ich hatte den Eindruck, dass Bert über Walhalla nicht mehr wusste, als die rechtsextremistischen Lieder beinhalten. Wie etwa das Lied »Der Weg nach Walhalla« von »Fackelschein«:

> Dort ist ein Weg, und der führt nach Walhalla.
> Zeig uns den Gott, der dort lebt.
> Hier ist ein Mann mit einem Traum von Walhalla.
> . . .
> Unsere Herzen werden die Flammen des Lichts ewig tragen.
> Niemand wird die Gefallenen jemals von dort verjagen.
> Die Reise ist vorbei, da wir im Lande von Odin sind,
> und voller Stolz das Blut durch unsere Adern rinnt.

»Haben Sie auch schon den Namen Jesus Christus gehört?«, fragte ich Bert.

»Ja, gehört habe ich ihn schon. Aber ich weiß nichts über ihn. Ich war noch nie in einer Kirche.«

»Sie sagten mir heute Vormittag, dass Sie zu den Neonazis gehören. Seit wann ist das so?«

»Seit meinem 15. Lebensjahr gehöre ich dazu.«

»Könnten Sie mir bitte die Ideologie der Neonazis etwas näher beschreiben?«, bat ich Bert.

»Was meinen Sie damit?«, fragte er. »Ich weiß mit dem Begriff ›Ideologie‹ nichts anzufangen.«

Ich erklärte Bert, was man darunter versteht. Dann fragte ich ihn, warum er ein Neonazi ist.

»Weil ich Dinge in dem Staat sehe, die nicht normal sind. So zum Beispiel die Drogen.«

»Das ist alles?«, fragte ich. »Aber Sie trinken doch selbst viel Alkohol. Sie mussten ja sogar schon wegen einer Alkoholvergiftung behandelt werden.«

»Alkohol ist keine Droge«, meinte Bert.

»Erzählen Sie mir doch bitte, was man als Neonazi so tut.«

»Größtenteils haben wir nur getrunken. Auch gesungen haben wir, und Parolen gebrüllt: ›Sieg Heil‹, ›Ruhm und Ehre der Waffen-SS‹, ›Ausländer raus‹, ›Juda verrecke‹, ›Deutschland den Deutschen‹ und noch andere Sachen.«

»Warum haben Sie das gebrüllt?«

»Ich bin stolz auf meine Nationalität. Ich bin stolz, ein Deutscher zu sein. Und es geht mir um die weiße Rasse.«

»Ich finde es schön«, sagte ich, »wenn man stolz auf seine Nationalität ist. Aber was hat das mit der ›weißen Rasse‹ zu tun?«

»Ich bin gegen Schwarze. Sie verkaufen nur Drogen. Jedenfalls tun das die meisten von denen.«

»Und was haben Sie gegen die Juden?«, fragte ich.

»Die Juden sind nie vergast worden. Das ist eine Lüge. Es stimmt schon, dass Juden gestorben sind. Aber die sind nie vergast worden. Das weiß ich aus Berichten, die der Wahrheit entsprechen.«

»Von welchen Berichten sprechen Sie?«, wollte ich wissen.

»Das weiß ich nicht mehr. Das waren Reportagen im Fernsehen oder auf Videos.«

»Wie sind denn dann die vielen Juden gestorben?«

»Die wurden auf jeden Fall nicht vergast. Höchstens verhungert sind die. Oder sie wurden erschossen.«

»Warum wurden sie erschossen?«

»Das weiß ich nicht . . . Weil die nicht arbeiten wollten.«

»Und die kleinen Kinder?«, fragte ich.

»Die kleinen Kinder wurden eben getötet, weil sie Juden waren. Damals war das nun mal so. Jeder Jude musste erschossen werden.«

»Und was sagen Sie dazu?«

»Es war gut so.«

»Wie bitte? Es war gut so, die jüdischen Kinder zu erschießen?«

»Ja, es war gut so. Aber darüber möchte ich nicht mehr sprechen.«

»Warum brüllen Sie: ›Juda verrecke‹?«, fragte ich erneut.

»Wir brüllen das, weil die Juden gegen uns hetzen. Gegen uns, die so genannten ›bösen Rechtsextremisten‹.«

»Haben Sie schon einen Juden kennen gelernt?«

»Nein«, meinte Bert, »das habe ich nicht.«

»Aber wenn Sie keinen Juden kennen, warum wollen Sie sie dann vergasen?«

»Ich will sie vergasen, weil ich sie nicht leiden kann. Weil sie nicht zur ›weißen Rasse‹ zählen. Die sind zwar weiß, gehören aber nicht zur ›arischen Rasse‹.«

»Wer gehört nach Ihrer Meinung zur ›arischen Rasse‹?«, fragte ich ihn.

»Die Deutschen, Finnen, Norweger und Schweden. Eben alle Skandinavier. Die anderen Europäer, wie zum Beispiel die Engländer, gehören zwar auch zur ›weißen Rasse‹, aber nicht zu den Ariern. Arier sind zum Beispiel die Wikinger.«

»Und die Griechen, die Italiener, die Franzosen? Wozu gehören die denn?«

»Es könnte sein«, meinte Bert, »dass die auch Arier sind. Aber ich weiß das nicht genau.«

»Würde es Sie überraschen«, fragte ich, »wenn ich Ihnen erzähle, was der Name ›Iran‹ bedeutet? Haben Sie dieses Wort schon einmal gehört?«

»Ja, schon. Aber ich weiß nicht, was das Wort bedeutet.«

»Das ist ein Land und liegt im früheren Persien, im mittleren Asien. Iran bedeutet ›das Land der Arier‹. Wissen Sie, welchen Titel der Schah von Persien trug? ›Das Licht der Arier‹. Was halten Sie davon? Das passt sicher nicht so gut zu Ihren Ariererzählungen und Wikingergeschichten.«

»Tja, weiß nicht. Auf jeden Fall sollen die Juden aus Deutschland raus, weil sie keine Deutschen sind.«

»Könnte es sein, dass es Deutsche jüdischen Glaubens gibt, so, wie es deutsche Katholiken, deutsche Protestanten und deutsche Atheisten gibt?«, fragte ich.

»Die sind Juden und keine Deutschen. Wenn die nicht das Land verlassen wollen, weiß ich nicht, was man mit denen machen soll.«

»Sie wissen es nicht? Aber vorhin haben Sie etwas von Vergasung erzählt, wenn ich mich nicht irre«, merkte ich an.

»Nun erzählen Sie etwas ganz anderes. Warum wollen Sie, dass die Ausländer Deutschland verlassen sollen?«, fragte ich weiter.

»Wegen der Drogen. Die bringen uns Drogen ins Land.«

»In Deutschland leben aber einige Millionen Ausländer. Sind die alle Drogendealer?«

»Nein, nicht alle. Aber der größte Teil. Die meisten kommen hierher, machen sich hier breit und leben auf Staatskosten. Und die Politiker lügen nur. Sie labern nur. Die kriminellen Ausländer müssen raus. Aber die meisten von denen sind sowieso kriminell. Also alle raus.«

»Und Sie meinen, Deutschland braucht keine Ausländer?«, fragte ich. »Qualifizierte Leute in der Wissenschaft, Wirtschaft, in der Industrie und der Kunst?«

»Keiner braucht in Deutschland Ausländer. Und ausländische Industrie gibt es nicht in Deutschland, zumindest weiß ich nichts darüber.«

»Was sagen Sie zum Beispiel zur Automarke ›Opel‹, die große Fabriken in Deutschland hat? Ist das keine ausländische Firma?«

»Es könnte sein«, meinte Bert, »dass dort Ausländer mitwirken, weil im Ausland alles billiger ist.«

»Sind Sie auch kriminell?«, fragte ich.

»Ich bin verurteilt worden.«

Kein Zweifel: Berts »Ideologie« speist sich aus schwachsinnigen Liedern und furchtbaren, idiotischen Parolen, nicht aus Kenntnissen und nicht aus eigenem Nachdenken.

»Welche rechtsextremistischen Lieder kennen Sie?«

»Ich kenne die alle. Davon habe ich sehr viele CDs. Das ›Afrikalied‹ und ›Blut muss fließen‹. Ich habe sie alle. Aber verlangen Sie nicht von mir, dass ich die jetzt alle aufsage.«

»Nein«, sagte ich schnell, »bitte nicht. Ich habe die meisten bereits kennen gelernt. Nun aber etwas anderes. Ich habe das Gefühl, dass Sie Deutschland nicht besonders lieben.«

»Ja, ich hasse Deutschland.«

»Ich denke«, unterbrach ich ihn, »Sie sind stolz, ein Deutscher zu sein?«

»Ich meine den Staat. Es gibt so viele Dinge, die nicht sein dürften. Die Steuern werden erhöht, Lügen werden erzählt, die Arbeitslosen werden immer mehr.«

»Sie haben mir vorhin über die ›höhere Rasse‹ erzählt. Was meinen Sie damit?«

»Die Deutschen gehören zu einer ›höheren Rasse‹. Ich meine die Arier, die Wikinger und so was.«

»Sind Sie auch ein Exemplar der höheren Rasse?«

»Ja, ich gehöre auch dazu.«

»Könnten Sie mir etwas über die Kleidung erzählen, die Sie gewöhnlich tragen?«, fragte ich. »Beim Abtransport von Annas Leiche wurden doch besondere Sachen getragen.«

»Ja, ich trage sie. Aber nicht immer. Ich habe auch Springerstiefel mit schwarzen und schwarzroten Schnürsenkeln. Die schwarzen Schnürsenkel bedeuten ›SS‹. ›SS‹ ist eine Schutzstaffel. Die schwarzrote Farbe ist gleichbedeutend mit ›Blut und Ehre‹.«

»Was ist mit den so genannten ›CONSDAPLE‹-Sachen?«

»Ja, die trage ich auch. Wegen der ›NSDAP‹. Auch Bomberjacken habe ich, da sind auch NSDAP-Symbole drauf.«

»Wissen Sie etwas über Auschwitz?«, fragte ich.

»Ja, Auschwitz ist ein Teilbau.«

»Ein Teilbau? Was ist denn ein Teilbau?«

»Ein Teilbau ist der Ort, an dem die Juden gearbeitet haben, weil Hitler sie dorthin geschickt hat.«

»Nach meinen Begriffen war das ein KZ. Wie kommen Sie auf Teilbau?«

»Teilbau ist der richtige Name, nicht KZ. KZ ist falsch. Von den Juden, die dort gearbeitet haben, sind einige verhungert, andere wurden erschossen. Aber vergast wurde keiner, das habe ich doch bereits gesagt.«

»Ja, das haben Sie schon erwähnt. Sie singen auch viele Lieder mit solchen Inhalten. So zum Beispiel in dem Lied ›Noten des Hasses‹ von der Gruppe ›White Aryan Rebels‹. Dort sprechen sie von dem ›Märchen Auschwitz, Buchenwald‹. Ist das so?«

»Ja, das ist so.«

Fragen, Fragen, Fragen

»Können Sie mir erklären, wie Sie in einen solchen Sumpf geraten sind?«, fragte ich.

Bert sah mich mit großen Augen an und fragte verständnislos, wieso ich das Wort »Sumpf« gebrauchte.

»Sumpf, wieso Sumpf?«

Ohne auf eine Antwort zu warten, erzählte er weiter: »Ich bin in die Naziorganisation reingewachsen. Etwas anderes habe ich nie gekannt. Dort sind alle meine Freunde. Die sind alle so drauf wie ich. Keiner von denen kennt etwas anderes. Warum Sumpf? Bei uns im Ort sind alle so.«

»Alle sind in Ihrem Ort so?«, fragte ich verwundert. »Das möchte ich nicht hoffen. Ich habe aber noch eine andere Frage. Sie haben mir hier so viel über Lieder erzählt, die vom Vergasen, vom Töten, vom ›Ins-Klo-spülen‹ und von lebensunwürdigen Menschen sprechen. Und Sie erzählten davon, wie man Frauen schänden sollte. Sehen Sie eine Verbindung zwischen diesen Liedern, Parolen und Glaubensinhalten und dem Mord an Anna?«

»Ich habe es nicht getan.«

»Auch wenn Sie es nicht getan haben, so haben Sie ihr doch auch nicht geholfen.«

»Ja, das ist richtig. Aber ich habe sie nicht ermordet.«

»Axel«, fuhr ich fort, »hat ausgesagt, dass Sie Tage nach dem Mord an Anna gesagt haben sollen: ›Es ist gut gelaufen, obwohl es nicht geplant war.‹«

»Nein, das habe ich nicht gesagt.«

»Dann hat Axel weiter ausgesagt, dass Sie nach dem Mord an Anna gesagt haben sollen: ›Hast du gesehen? Es geht leicht. Wir müssen so etwas bald wiederholen.‹«

»Das stimmt nicht. Das sind Axels Sprüche. Er sagte, er wolle jemanden schänden. Nicht ich. Ich habe dabei nur gedacht: ›Lass den doch labern.‹ Es hat mich nicht weiter interessiert. Axel hat auch noch andere Dinge in dieser Richtung gesagt. Der hat mal einen Winkelschleifer in der Hand gehalten und gesagt: ›Den muss man in ein Mädchen einführen.‹ Er hat auch gedroht, mich wegen Claudia und wegen angeblicher Falschaussage umzubringen.«

»Ihre Kameraden haben viele Aussagen zum Thema ›Frauen schänden‹ gemacht«, fuhr ich fort. »Könnten Sie mir etwas mehr darüber erzählen?«

»Ja, Axel hat schon Wochen vorher damit angefangen, dass er Frauen schänden wollte. Dann hat er gesagt, er möchte Anna schänden. Er hat aber nicht näher erläutert, was er damit gemeint hat. Ich habe ihn auch nicht gefragt, was er damit meinte. Das hat mich ja nicht interessiert. Ich habe mir auch gar keine Gedanken darüber gemacht. Der quatscht sowieso den ganzen Tag nur Kacke. Und jetzt versucht der, mich mit in den Mord reinzuziehen. Axel hat auch über andere Bekannte gesagt, dass er sie schänden will. Was er damit gemeint hat, weiß ich aber nicht, weil ich ihn nicht gefragt habe.«

»Was verstehen Sie denn unter dem Begriff ›schänden‹?«

»Vielleicht bedeutet ›schänden‹, jemanden zu missbrauchen. Ich betone nochmal, dass ich nie gesagt habe, ich will Anna schänden. Das hat Axel immer wieder gesagt.«

»Würden Sie sagen, dass der Mord an Anna ein Ritualmord war?«

Nachdem ich Bert erklärt hatte, was ein Ritualmord ist, antwortete er, dass es keiner gewesen sei. Von Möbus habe er auch nie etwas gehört. Alles, was seine Kameraden darüber ausgesagt hätten, was er mit den Prostituierten machen wollte, stimme nicht. In Tschechien und Dänemark hätten sie nur normalen Urlaub machen wollen. Über Däninnen, die sie schänden wollten, und Tschechinnen, die sie umbringen wollten, sei auch nie gesprochen worden. Er habe auch keine Ahnung, wo Tschechien und Dänemark liegen. »Es könnte sein, dass Tschechien und Dänemark Nachbarländer sind. Nach Dänemark wollten wir auswandern, weil es dort mehr Arbeit gibt. Aber Asyl wollten wir nicht beantragen. Es stimmt, dass ich mal in Dänemark leben wollte, wegen der rechtsextremistischen Einstellung. Dort hat man Ruhe und wird nicht verfolgt. In Dänemark kann man freier leben als in Deutschland. Warum sollte man Frauen schänden oder Prostituierte in Tschechien umbringen? Dafür gibt es doch gar keinen Grund.«

»Wissen Sie«, meinte ich, »Sie machen auf mich keinen überzeugenden Eindruck. Ich möchte Sie aber noch einmal fragen, warum wurde Anna ermordet?«

»Ich weiß es nicht.«

»War Anna Ausländerin, Schwarzafrikanerin, Jüdin oder zumindest eine ›Linke‹?«

»Nein, war sie nicht.«

»War Anna Ihre Kameradin?«

»Ja.«

»Warum wurde Anna von zwei Neonazis, von Axel und Ihnen, ermordet?«

»Ich habe sie nicht ermordet.«

Am Ende meiner Gespräche mit Axel und Bert, als ich am späten Nachmittag das Gefängnis verließ, hatte ich das beklemmende Gefühl, gerade einem Dschungel entkommen zu sein. Ich musste tief durchatmen. Trotz meiner 30-jährigen Berufserfahrung.

Axel und Bert hatten mich viele Stunden lang in und durch den dunklen Dschungel geführt, in dem sie leben. Was sie mir erzählten, habe ich hier kurz zusammengefasst. In abgemilderter Form, um das Unerträgliche etwas erträglicher zu machen.

Nachdem ich die Biographien, die Ideen, das Gesagte, die Lieder und die Taten all derer studiert hatte, die in diesem Buch vorkommen, änderte sich für mich das Bild des Dschungels: Der Dschungel mit seinen Gesetzen hat einen Sinn, eine Funktion, ist Teil einer übergeordneten Harmonie. Nein, ich bin nicht im Dschungel gewesen, sondern in einem Sumpf. In einem schlammigen, schmutzigen, von Menschenhänden vergifteten Gewässer, in dem nichts Gutes wächst, nichts Gutes lebt und nichts Gutes gedeiht.

In einem negativen Biotop.

Schließlich nahm das Gericht als erwiesen an, dass Bert der Mörder war. Er wurde zu lebenslanger Haft verurteilt. Axel wurde zu neun Jahren Haft wegen Beihilfe zum Mord verurteilt. Beide Täter wurden als voll schuldfähig bezeichnet. Juristisch ist danach Bert der Mörder. Axel war »nur« der Gehilfe. Juristisch. Aber es gibt andere Kategorien, die über die juristischen hinausgehen. Es gibt auch andere Urteile als die Gerichtsurteile.

Der verirrte Prolog

Jedes Buch hat einen Prolog, ein Vorwort, eine Einführung. Das müsste eigentlich auch in diesem Buch so sein. Es sollte eine ordentliche, vorschriftsmäßige Einleitung erhalten, in der ich den Leser darauf einstimmen wollte, dass dieses Buch ein Nachfolgebuch zu »Hitlers Urenkel« ist, mit mancher zusätzlichen Botschaft.

Eine Botschaft des erwähnten »Vorgängerbuches« war, dass rechtsextremistische Kriminalität schlicht und einfach Kriminalität ist, gepaart mit einem dummen, primitiven, Ekel erregenden und blinden Hass.

Eine andere These besagte, dass dabei von auf Wissen gestützter Ideologie nicht die Rede sein kann.

Rechtsextremistische Gewalttäter kauen nur leere Floskeln wieder und servieren ungegarte Bruchstücke zusammenhanglosen »Wissens«, am liebsten in Form menschenverachtender Lieder und dummer Parolen.

In der Einleitung zu diesem Buch wollte ich eigentlich sagen:

Es ist ein Irrtum anzunehmen, dass von der Gewalt der Rechtsextremisten ausschließlich Schwarze, Ausländer und Juden betroffen sind.

Rechtsextremistische Gewalt trifft auch die Deutschen. Und das in einem doppelten Sinn: Nicht nur werden auch Deutsche Opfer rechtsradikaler Verbrechen – Deutschland trägt auch noch immer an seiner Hypothek und muss rechtsradikale Gedanken ganz besonders bekämpfen. Dieses Land des Phönix hat aus Finsternis Licht gemacht und besitzt heute eine der freiheitlichsten Demokratien der Welt. Es kann sich nicht leisten, in den Augen der Weltöffentlichkeit von kriminellen Asozialen, die unter dem

Mäntelchen einer brüchigen Pseudoideologie töten, verbrennen, vergewaltigen und demütigen, beschmutzt und diskreditiert zu werden.

Rechtsextremistische Gewalttätigkeit ist zunächst Gewalt*bereitschaft*, eine blinde Gewaltbereitschaft, eine Gewaltbereitschaft, die keine Ziele hat, sondern Ziele sucht. Verführerisch, wenn man damit Gefühle der Überlegenheit und Stärke verbinden kann; wenn man dadurch die eigene Misere, die eigene Schwäche, das eigene Elend verstecken kann. Wie angenehm ist es auch, wenn man dadurch die eigenen Ängste, die eigene Unsicherheit, die eigene Bedeutungslosigkeit überspielen kann.

Wer das Opfer wird, ist zufällig.

Ist es ein Zufall, dass die meisten Opfer von Rechtsextremisten Deutsche sind? Deutsche, die mit Politik nicht das Geringste zu tun haben?

So singen die »White Aryan Rebels« in »Die Kugel ist für dich« oder in »Noten des Hasses« zum Beispiel:

> Die Kugel ist für dich: Alfred Biolek.
>
> . . .
>
> Die Kugel ist für dich: Rita Süssmuth.
>
> Die Kugel ist für dich: Beckers Bastard.
>
> Die Kugel ist für dich: Grobis Klumpen.

So hätte es in meiner Einleitung geheißen:

Passen Sie auf!

Auch Sie sind gefährdet! Gefährdet sind wir alle!

Rechtsextremistische Gewalt lebt von blindem und ungezieltem Hass. Opfer ist der vermeintlich Schwächere. Ich habe im Buch »Hitlers Urenkel« die Meinung vertreten, dass es die Pflicht jedes anständigen Deutschen ist, sich gegen die rechtsextremistische Gewalt zu erheben und bemerkbar zu machen. Nun kommt in diesem Buch die Botschaft hinzu:

Gegen rechtsextremistische Gewalt zu sein, ist ein Gebot demokratischen Denkens, aber auch eine Sache des Selbstschutzes.

Auch in diesem Buch spreche ich nur von Gewalttätern, denen, die Menschen ermordet, verletzt, gedemütigt haben. Denn diesen Menschen begegne ich in meiner Arbeit. Ich spreche nicht von den Leuten hinter den Kulissen. Nicht von denen, die sich die Parolen ausdenken. Die das Gift in ihren gut ausgestatteten Hasslabors vorbereiten. Ich spreche nicht über diejenigen, die – durch juristische, akrobatische Handstände für den Staatsanwalt unangreifbar – Hass geschürt und erzeugt haben. Ich spreche nicht von denjenigen, die geschützt hinter der verfassungsfesten Mauer ihrer noch immer legalen Parteien und Organisationen die neuen Urenkel Hitlers rekrutieren. Auch nicht von denen, die in großen Volksparteien und großen Organisationen bewusst den Patriotismus mit dem blinden Nationalismus verwechseln. Auch nicht über diejenigen, die den berechtigten Stolz auf die eigene Nationalität bis ins Gefährliche und Unerträgliche weiterspinnen. Man darf nur dann stolz auf die eigene Nationalität sein, wenn man auch den Stolz anderer Nationen akzeptiert und respektiert. Ob dann »Stolz« das richtige Wort ist, um diese Gefühle und Gedanken, die dahinter stehen, zu beschreiben, ist eine andere Sache.

In diesem Buch werde ich auch nicht von den Liedermachern und Musikern sprechen, die den Hass, das Gift, die dunkle Ideologie für ihre Anhänger in eine brutale, barbarische, menschenverachtende Sprache übersetzen. Obwohl diese Liedermacher, diese Textverfasser in meinen Untersuchungen immer präsent sind. Sie sind diejenigen, die die schon bewaffnete Hand in Bewegung setzen. Sind diejenigen, die den Anstoß geben, den schon gelieferten Molotowcocktail zu werfen. Sind diejenigen, die das Töten, das Schänden, das Demütigen und Verletzen vorbereiten. Wenn man diese Lieder hört oder deren Texte liest, braucht man starke Mittel gegen den Brechreiz, braucht man unbedingt frische Luft, um nicht zu ersticken. Benötigt man viel Beherrschung, um nicht zu explodieren. Und man braucht viel, viel Verständnis, um das Unbegreifliche zu verstehen: Wieso ist es in einem so gut organisierten Staat, in einer so gut organisierten Gesellschaft nicht möglich, diese Kloake, die unsere Gewässer verschmutzt und vergiftet, stillzulegen.

Es geht ja nicht um Meinungsfreiheit. Es geht um Anstiftung zum Mord.

In »Hitlers Urenkel« habe ich vor allem über rechtsradikale Gewalttaten an Ausländern berichtet. In diesem Buch möchte ich über die deutschen Opfer rechtsextremistischer Gewalttäter sprechen.

Eigentlich hätte ich in meiner Einleitung auf die geistige Nahrung dieser Menschen vorbereiten wollen.

Doch Annas Tod sagt mehr als jede Einleitung. Der Tod der eigenen Kameradin, die Grausamkeit, die Feigheit, die unendliche Beschränktheit und geistige Finsternis in den Gedanken der beiden Täter bedürfen keiner erklärenden Einführung. Sie sind selbst Prolog, Thema und Epilog. Deshalb beginnt dieses Buch mit dem Kapitel über Anna. Annas Geschichte sagt alles. Aber es gibt verschiedene Variationen dieses Themas, die ich in den folgenden Kapiteln darstellen werde.

Ich habe mir viele Gedanken darüber gemacht, wie ich die einzelnen Fälle darstellen soll. So, wie sie sich im Einzelnen abgespielt haben? Das wäre schockierend grausam. Und doch: Ich möchte Aufklärung betreiben. Ich möchte der Öffentlichkeit über die Taten von Schwächlingen und Feiglingen, aber auch von im Geiste Armen und von manchen schwer Traumatisierten berichten. Ich möchte die Menschen um mich herum aufwecken, wachrütteln. Politiker und Nicht-Politiker. Deshalb werde ich versuchen, die Tragödien so darzustellen, wie sie sich abgespielt haben. Ich werde jedoch nicht jede Barbarei ausführlich darstellen.

Wie »Hitlers Urenkel« ist dieses Buch getragen von persönlicher Betroffenheit. Doch halte ich mich als Kommentator weitgehend zurück. Die Fälle, die ich schildern werde, sprechen für sich. Sie zu erzählen, sie an die Öffentlichkeit zu tragen, halte ich für meine Pflicht. Es ist mein Beitrag im Kampf für eine offene, humane, aufgeklärte Gesellschaft.

Das Martyrium eines »Kleinen«

Conrad, Denis und Enrico

Die Täter nannten das Opfer den »Kleinen«. Der Junge war gerade erst elf Jahre alt geworden. An sich hat der Ausdruck »der Kleine« in der Alltagssprache etwas Liebevolles an sich, auch etwas Schutzverpflichtendes. Liegt in diesem Begriff nicht in der Regel etwas Zärtliches, Verantwortliches aufseiten des Älteren, des »Größeren«? »Der Kleine« aber, dessen Geschichte ich Ihnen hier erzählen möchte, erzeugte bei den Tätern keines der angesprochenen Gefühle und Einstellungen. Im Gegenteil. Die Geschichte des »Kleinen« hat sehr viel Ähnlichkeit mit dem Martyrium des Herrn Weiland, ein Fall, auf den ich später noch eingehen werde.

Es begann alles in den frühen Morgenstunden. Mit dem 7-Uhr-Bus fuhr »der Kleine« gewöhnlich aus einem nahe gelegenen Nachbarort in die größere Stadt zur Schule. Fast immer gemeinsam mit einer Schulkameradin. So auch an diesem Tag. Weil aber an jenem Tag die erste Stunde ausfiel, beschloss er, schon im Schulort angekommen, Conrad und Denis zu besuchen, um die Zeit zu überbrücken. »Der Kleine« kannte Denis recht gut und wusste, dass der zurzeit mit seinem älteren Bruder Conrad zusammen wohnte. Er wusste auch, dass er bei »den Großen« am Computer spielen konnte. Das hatte er schon öfter getan. An diesem Tag war auch Enrico in der Wohnung, ein Freund der beiden. Enrico kannte den »Kleinen« ebenfalls recht gut. Conrad, Denis und Enrico gehören den rechtsextremistischen Kreisen an. Alle drei bezeichnen andere Menschen als »die Kleinen« – als »Ungeziefer«, wie es in den rechtsextremistischen Liedern gesungen wird – und sich selbst als »groß und stark«.

»Warum gehören Sie den Neonazikreisen an?«, fragte ich Conrad, den Anführer der drei, der zum Tatzeitpunkt 18 Jahre alt war.

»Weil ich mich dann groß und stark fühle.«

Als ich Conrads jüngerem Bruder, Denis, die gleiche Frage stellte, meinte der: »Weil ich es cool finde. Auch das Outfit finde ich cool. Ich habe was gegen Ausländer, Juden und Afrikaner.«

»Was bedeutet es, sich groß und stark zu fühlen?«, fragte ich Conrad. »Und warum fühlt man sich gerade in den rechtsextremistischen Kreisen so?«

»Man kann dort Alkohol trinken, jemanden zusammenschlagen und sich gegen andere wehren.«

»Was hat Sie sonst noch so angezogen?«

»Weiß nicht. Man kann eben mit Kumpels zusammen sein, eine Bomberjacke tragen und Musik hören.«

»Welche Musik denn?«

»Na die ›Landser‹ und so was.«

»Worum geht es bei dieser Musik der ›Landser‹?«, wollte ich wissen.

»Die ist gegen Ausländer und so was. Vor allem gegen Nigger. Die kommen hier rein, bringen Drogen mit und machen sich in Deutschland breit, ohne zu arbeiten. Das sehe ich nicht ein.«

Ein Lied der Gruppe »Landser« mit dem Titel »Morgen brennt Bonn« sagt:

> In Rostock und Hoyerswerda, und bald im ganzen Land,
> da kämpfen deutsche Skinheads mit dem Molly in der Hand.
> Und das Asylheim brennt,
> und das Asylheim brennt.
> Die ganzen Scheiß-Asylanten, die rennen schnell davon,

und langsam da begreifen es auch die Herren in Bonn.
Und morgen, da brennt Bonn,
und morgen, da brennt Bonn.

»Gibt es Ihrer Meinung nach Unterschiede zwischen den Ausländern?«

»Ja«, meinte Conrad, »da gibt es auch Türken und so was. Wegen ihrer Hautfarbe kann man sie nicht gleich auf den ersten Blick als Ausländer erkennen. Ich bin Deutscher, und Leute mit anderer Hautfarbe haben hier nichts zu suchen.«

»Das sagen auch die ›Landser‹?«

»Ja.«

Conrad, der seine geistige Nahrung von den »Landsern« und ähnlichen rechtsextremistischen Bands bezieht, weiß, was die singen und was die wollen:

Und keine Türken werden mehr rumlaufen,
keine Pfaffen dürfen Kinder taufen,
keine Nigger deutsches Bier mehr saufen,
keine Juden unser Volk verkaufen.

»Hatten Sie denn schon Kontakt zu Schwarzen?«

»Ja, aber erst hier im Gefängnis.«

»Was wissen Sie über Schwarze?«

»Ich habe gehört«, meinte er, »dass die gleich das Messer ziehen, wenn man die auf der Straße anspricht.«

Conrad versuchte nichtsdestotrotz immer wieder, mich zu überzeugen, dass er nichts mehr mit den rechtsextremistischen Kreisen zu tun haben wolle. Als ich näher darauf einging, konnte er mir allerdings keine glaubhafte Begründung dafür nennen. Offensichtlich hatten die »Trommeltelegramme« des Gefängnisses Conrad schon erreicht. Und die sagten: »Du darfst auf keinen Fall dem Gericht und dem Gutachter verraten, dass du zu den Neonazis gehörst. Die machen dich dann zum Affen.«

Conrads Bruder, Denis, gehört ebenfalls der neonazistischen Gruppierung an. Er ist allerdings nicht in derselben Clique wie sein Bruder, sondern trifft sich mit anderen Leuten. Das begründet er damit, dass er nicht unbedingt mit seinem Bruder zusammen in einer Gruppe sein möchte. Er sei ihm zu ungepflegt und schmutzig.

Mit 13 Jahren ging Denis zum ersten Mal zu den Neonazis. Er fand es cool, mit Glatze, Springerstiefeln und Bomberjacke rumzulaufen, gegen Ausländer, Schwarze und Juden zu sein, Parolen wie »Sieg Heil« und »Heil Hitler« zu brüllen und zu singen »Die Fahne wird wieder wehen«, »Nigger, dein letzter Tag kommt«, »Afrika den Affen« und anderes. Cool fand er auch, ein Ⓐ mit einem Kreis darum und Hakenkreuze an Wände zu schmieren. Was das Ⓐ im Kreis bedeutet, wusste er zuerst nicht. Später erzählte man ihm, das bedeutet: Ausländer raus.

Eine Mitarbeiterin des Jugendamtes, die die Aufsicht übernommen hatte, habe ihn überzeugen können, dass »Ausländer auch Menschen sind«. Sie habe ihn auch überzeugen können, dass es wegen seiner Bewährung schlecht sei, wenn er weiterhin den Neonazikreisen angehöre. Deswegen hat er seine Springerstiefel, die Bomberjacke und die T-Shirts mit den neonazistischen Emblemen verkauft.

Enrico, der sich ebenfalls vom Outfit der Neonazis angezogen fühlte, wollte auch Juden vergasen.

»Warum wollen Sie das?«, fragte ich Enrico.

»Weil die Ausländer sind.«

»Sind Sie sich ganz sicher, dass die Juden Ausländer sind?«

Enrico schwieg.

»Nun gut. Warum sollen die Ausländer vergast werden?«, fragte ich.

»Ich weiß nicht. Ich wollte einfach so sein wie die anderen.«

»Sie haben mir erzählt, dass Sie rechtsextremistische Lieder gehört und gesungen haben. Welche Lieder waren das?«

»Na, Lieder darüber, dass Ausländer getötet, die Juden vergast und die Schwarzen im Klo runtergespült werden sollen.«

»Können Sie mir noch weitere Lieder nennen?«

»Na, Sauflieder. Wo es eben ums Alkoholtrinken und so was geht.«

Ich wusste schon, dass die so genannten »Sauflieder« dazu aufrufen, im Zustand der ständigen Trunkenheit »Kanaken« platt zu machen.

»Welche Parolen rufen Sie denn bei Ihren Treffen und Demonstrationen?«

»Na eben über Hitler.«

»Aus welchen Gründen tun Sie das?«

»Weil ich wie die anderen sein wollte.«

»Wissen Sie denn, wer Hitler war?«

»Ja, der war ein österreichischer Mensch. Der ist in Österreich geboren und wollte über Deutschland herrschen. Dann hat der sich von unten hochgearbeitet, bis er eben oben war. Dann fing der an, die Juden zu vergasen. Der hat auch so Leute gegründet, die Juden und Ausländer umbringen sollten.«

»Und wollen Sie so etwas nachmachen? Und wenn ja, warum?«, fragte ich.

»Das weiß ich nicht«, sagte Enrico kleinlaut. »Ich fand es halt cool, diese Meinung zu vertreten.«

»Fühlten Sie sich denn wohl bei den Neonazis?«

»Am Anfang schon. Aber in der letzten Zeit ist es nicht mehr so gut gegangen. Ich wurde von denen viel geschlagen und verprügelt.«

»Von Ihren Kameraden?«

»Ja, da waren auch solche Typen.«

Wenn ich rechtsextremistische Gewalttäter untersuche, muss ich immer wieder dieselben Fragen stellen. Und immer wieder bekomme ich die gleichen Antworten. Und immer wieder sind es ähnliche Biographien, manchmal tragische Lebensgeschichten. Die Weichen dafür wurden schon sehr früh gestellt. Weichen, die häufig zur Selbstzerstörung führen und nicht selten zur Zerstörung anderer Menschen, unschuldiger, unbeteiligter Menschen.

Die zwei Brüder Denis und Conrad kommen – wie die meisten Mitglieder der rechtsextremistischen Gewaltszene – aus zerstörten Familien, in denen Gewalt vorherrscht und in denen sie gelernt haben, gewalttätig zu sein.

Gewalt als Konfliktlösungsmethode.

Gewalt als Selbstbestätigung.

Gewalt als Demonstration vermeintlicher Stärke.

Gewalt als Imponiergehabe.

Gewalt, die weitergegeben wird an die nächste Generation.

Die Brüder Conrad und Denis haben verschiedene Nachnamen, denn sie haben verschiedene Väter. Fünf unterschiedliche Lebensgefährten hatte ihre 38-jährige Mutter gehabt.

Conrad lernte seinen leiblichen Vater erst mit 16 Jahren kennen. Seine Eltern waren nicht verheiratet gewesen. Kurz nach seiner Geburt musste der Vater ins Gefängnis. Während sein Vater in Haft saß, lernte seine Mutter einen anderen Mann kennen, den Vater von Denis. Zwei oder drei Jahre später verließ sie aber auch den neuen Lebensgefährten wegen eines anderen Mannes. Den damals erst zweijährigen Denis und dessen jüngeren Bruder ließ sie beim Vater zurück. Sie nahm nur Conrad mit. Zwischen Conrad und seinen beiden Halbbrüdern gab es lange Jahre nicht den geringsten Kontakt. Sie trafen sich das erste Mal wieder, als Conrad bereits 13 Jahre alt war. Den zweiten Halbbruder hat Conrad bis heute nicht wieder gesehen. Conrad hat an diesen Lebensgefährten seiner Mutter keine guten Erinnerungen. Ständig gab es Auseinandersetzungen zwischen den beiden Erwachsenen. Dieser Mann war brutal. Conrad und seine Mutter bezogen häufig Prügel von ihm. Die Mutter verließ dann auch diesen

Mann, als Conrad acht oder neun Jahre alt war. Es kam ein neuer Mann in die Familie, den die Mutter kurze Zeit später heiratete. Diesem Mann verdankt Conrad seinen Nachnamen. Doch auch diese Beziehung seiner Mutter dauerte nur drei Jahre. Und dann kam wieder ein neuer Mann. Conrad war froh, schließlich volljährig zu sein und endlich sein Elternhaus verlassen zu können.

Alle diese Turbulenzen hatten – wie zu erwarten war – einen negativen Einfluss auf den Jungen. In der Schule wurden seine Probleme immer größer. Die Leistungen sackten ab und er blieb sitzen, obwohl er von durchschnittlicher Intelligenz ist. Die Schule verließ Conrad mit dem Abgangszeugnis der 9. Klasse. Von den Mitschülern wurde er viel gehänselt, weil er »der letzte Dreck und ein Assi« gewesen sei. »Ich hatte keine Markenklamotten und so was.« Im berufsvorbereitenden Jahr war es nicht viel anders, deshalb schwänzte er die Schule häufig. Eine Ausbildung zum Metall- und Elektrotechniker hatte er zwar angefangen, doch dann wieder abgebrochen. Auch eine zweite Lehre als Verkäufer beendete er nicht.

Nachdem Conrads Mutter die Familie verlassen hatte, folgten schwere Jahre für Denis und seinen jüngeren Bruder. Der Vater trank, war brutal und jähzornig, prügelte die Kinder, stritt »bis aufs Messer«. Irgendwann kam Denis aufgrund der Bemühungen des Jugendamtes in ein Heim. Die Jahre vergingen, und der Vater kümmerte sich überhaupt nicht um ihn. Genauso wenig seine Mutter. Dann aber machte das Jugendamt sie mit Hilfe der Polizei ausfindig. Sie brachten sie in das Heim, wo Denis lebte. Er war inzwischen 13 Jahre alt. Die Mutter hatte Conrad bei diesem Besuch dabei. Denis erkannte die Mutter natürlich nicht, und auch die Mutter erkannte ihren Sohn nicht wieder. Da Denis zufällig in den Raum kam, wo die Mutter wartete, unterhielten sie sich zunächst miteinander, ohne zu wissen, dass sie Mutter und Sohn waren. Denis fragte nicht viel bei ihrer ersten Begegnung. Seine Mutter sagte ihm nur, dass sie ihn damals hatte mit sich nehmen wollen, der Vater das aber verhindert habe. Vom Vater hatte Denis das Gegenteil gehört: dass seine Mutter ihn verstoßen habe. Die Mutter besuchte Denis noch ein paar Mal im Heim, dann schlief die Beziehung wieder ein. Mit seinem Bruder aber nahm er wieder Kontakt auf, nachdem er aus dem Heim entlassen worden war. »Wir haben zusammen viel Scheiße gebaut, Sachbeschädigung und Diebstähle«, erzählte Denis.

Bevor Denis ins Heim kam, hatte er die Schule wochenlang geschwänzt. Auch von zu Hause war er immer wieder für längere Zeit weggelaufen. Er trieb sich auf der Straße herum, traf seine Kumpels, mit denen er Diebstähle beging, und er ging auch mit anderen zu Neonazitreffen, wo viel Alkohol getrunken wurde. Erst viele Monate später wurde der Vater von der Schule informiert, dass Denis schon längere Zeit nicht dort gewesen war. Als Reaktion darauf bekam Denis Prügel. Dreimal blieb er für längere Zeit von zu Hause weg, einmal sogar ein ganzes Jahr. Das war kurz bevor er ins Heim kam. Damals hatte er Zuflucht bei einem Onkel gefunden, der erst nach einem Vierteljahr den Vater davon in Kenntnis gesetzt hatte, wo Denis sich aufhielt. Doch das hatte den Vater wenig gekümmert. »Das war mein Glück«, kommentierte Denis die Zustände. Einmal wurde er vom Bundesgrenzschutz aufgegriffen und in ein Heim gebracht. Weil er dort immer wieder ausriss, schickte man ihn schließlich wieder zurück zum Vater. Dass bei diesen Umständen in der Schule nichts funktionierte, war zu erwarten. Nach der 6. Klasse wurde Denis in eine Sonderschule für schwer erziehbare Kinder umgeschult. Seine Intelligenz ist zwar mit einem IQ von 91 als durchschnittlich zu bezeichnen, doch aufgrund seiner Biographie und Verhaltensmuster blieb keine andere Wahl, als ihn dort unterzubringen. Zum Zeitpunkt der Tat besuchte er noch immer diese Schule. Er war gerade erst 16 Jahre alt.

Auch der Dritte im Bunde, Enrico, kommt aus einer zerrütteten Familie. Der Vater, ein Schäfer, hat die Familie verlassen, als Enrico zwei Jahre alt war. Am Anfang gab es sporadische Begegnungen zwischen Vater und Sohn, später wurden sie aber eingestellt. Kurz nach der Trennung der Eltern kam ein neuer Lebensgefährte in die Familie. Die Beziehung zwischen Stiefvater und Sohn ist so schlecht, dass die beiden seit langem nicht mehr miteinander reden. Über die Mutter konnte Enrico nicht viel berichten. Er wusste nicht einmal, welchen Beruf sie erlernt hatte. Aber sie sei eine gute Frau. Mehr konnte und wollte er über sie nicht sagen. In der Schule ging es nicht gut. Bis zur 4. Klasse blieb er zweimal sitzen, sodass auch er in eine Sonderschule für Lernbehinderte versetzt werden musste. Tatsächlich sind seine intellektuellen Fähigkeiten sehr eingeschränkt. Er hat einen IQ von nur 65. Auch die Sonderschule schwänzte er. Er ging mit seinen rechtsextremistischen Kumpels lieber in die Stadt. Sie tranken Alkohol, dabei hörten und sangen sie ihre Lieder und grölten Parolen gegen Schwarze, Juden und Ausländer. Zum Tatzeitpunkt war er 16 Jahre alt. Enrico kannte den »Kleinen« gut. »Der war ein guter Bekannter von mir«, meinte er.

Die Tat

Das waren also die drei, auf die der »Kleine« an diesem frühen Morgen traf. Sie hatten nichts dagegen, dass der Junge die Stunde bis zum Schulanfang bei ihnen bleiben wollte. Der »Kleine« setzte sich vor den Computer und vertrieb sich die Zeit mit Computerspielen. Nach einer Weile sagte Conrad: »So, Kleiner, es ist Zeit. Mach, dass du weg kommst.«

»Ich möchte noch ein bisschen spielen«, antwortete er.

»Du darfst aber nicht, du musst jetzt gehen.«

»Ich möchte aber noch ein bisschen bleiben.«

Bei diesem Satz stand Enrico auf, nahm ein Glas Mayonnaise

vom Tisch, bekleckerte den »Kleinen« damit und sagte: »Siehst du, was passieren kann, wenn du nicht gehst?«

Dann packte Conrad den »Kleinen« im Nacken und schleuderte ihn in Richtung Wohnungstür. Der »Kleine« flog durch die Luft und landete zwei Meter vor Conrad auf dem Boden. »Du musst jetzt aber gehen«, brüllte der. Der Junge blieb weinend auf dem Boden liegen. Conrad nahm ihn am Kragen und schlug mit der Faust auf ihn ein. Mal schlug er ihm ins Gesicht, mal in die Magengegend. Mit einem heftigen Tritt gegen die Beine brachte er das Kind wieder zu Fall. Dem Jungen gelang es aufzustehen; weinend lief er in Richtung Wohnungstür, um zu fliehen. Aber Conrad war schneller. Er erreichte vor ihm die Wohnungstür, verschloss sie, zog den Schlüssel ab und steckte ihn in seine Hosentasche. Offenbar hatte Conrad seine Meinung geändert. Der »Kleine« hatte nun keine Möglichkeit mehr, aus der Wohnung zu gelangen. Inzwischen kamen auch die beiden anderen an die Tür und begannen, auf den Jungen einzutreten und einzuschlagen. Seine Schreie und Bitten blieben ungehört. Immer wieder bat er darum, gehen zu dürfen. Doch das interessierte die drei nicht mehr.

Schließlich schob Conrad Denis zur Seite und sagte zu dem »Kleinen«: »Ist gut, du kannst gehen, wenn du vorher das schmutzige Geschirr spülst.« Der »Kleine« nickte, ging in die Küche und begann, das Geschirr abzuwaschen. Die drei kamen in die Küche, betrachteten das abgewaschene Geschirr und zeigten ihre Unzufriedenheit. Sie entdeckten vermeintliche Mängel und für jeden angeblichen Schmutzfleck schlugen sie mit den Fäusten auf den Jungen ein, bis der wieder zu Boden ging. Irgendwann war er mit dem Abwasch fertig und sah, wie seine drei Peiniger auf dem Sofa saßen und leise miteinander sprachen. Sie lachten dabei lauthals. »Ist gut, ich bin jetzt fertig. Ich möchte jetzt gehen«, sagte er.

»Du hast deine Strafe noch nicht getilgt. Lass die Hose runter«, befahl Conrad.

»Nein, nein, das will ich nicht!«, schrie der »Kleine«. Alle drei stürzten sich nun auf ihn. Einer versuchte ihm die Arme festzuhalten, die anderen beiden waren damit beschäftigt, ihm die Hose herunterzuziehen. Dem Jungen gelang es aber immer wieder, die Hose hochzuziehen. Da nahm einer der drei eine Schere, ging auf die halb heruntergelassene Hose los und zerschnitt den Schlüpfer des Jungen. Sie zogen ihn mit Gewalt aus, bis er nun völlig nackt vor ihnen stand.

»Und nun tanze«, befahl Conrad. Der »Kleine«, tränenüberströmt, begann, sich hin und her zu bewegen. »Das reicht nicht«, rief einer. »Er soll mehr machen.« Dann verschwand Conrad im Badezimmer und kam mit einer Klobürste zurück. »Beuge dich nach vorn«, befahl Conrad. Sie zwangen ihn, sich vorzubeugen, und schoben ihm den Stiel der Klobürste in den After.

»Aber im Gefängnis machen die das anders«, sagte Denis. »Ich zeige euch, wie das geht. Komm her, Kleiner, steh auf. Aufstehen, habe ich gesagt. Und Maul auf.«

Der eingeschüchterte, weinende Junge öffnete den Mund und Denis schob ihm den vorderen Teil der Bürste mit den Borsten in den Mund. »Festbeißen und tanzen«, befahl er. Und der »Kleine« begann, mit der Klobürste im Mund zu tanzen. Er tanzte zwei bis drei Minuten. Dabei wurde er von Musik begleitet. Natürlich von rechtsextremistischer Musik. Musik von den »Landsern«, »Kraftschlag«, »Standarten« oder »Volkszorn«. Lieder wie:

Deutschland wach auf,
bevor du zugrunde gehst.
Deutschland wach auf,
denn sonst ist es zu spät.
...
Wir werden zu dir stehen,
denn wir sind hier zu Haus.
Deutschland den Deutschen,
Ausländer raus.

»Das war kein guter Tanz«, sagte einer der drei. »Dafür musst du bestraft werden.« Zwei der drei Täter schlugen den Jungen mit scharfrandigen Plastikstücken auf den Rücken. Das Kind hatte kaum noch Kraft zu schreien. »Und nun brauchst du noch einen Qualitätsstempel«, sagte Enrico und nahm einen dicken Stift. Damit malte er dem Kind ein großes Ⓐ auf den Rücken.

»Was hast du da gemalt?«, fragte Conrad.

»Es bedeutet: Ausländer raus.«

»Nein, du Idiot«, sagte Conrad. »Das ist das Symbol der Anarchisten. Das richtige Symbol ist das«, und er nahm den Stift und malte dem »Kleinen« ein dickes Hakenkreuz in einem Kreis auf den Körper. »Das ist das richtige Symbol der Rechtsextremisten«, sagte er.

Der Junge versuchte, zu seinen zerrissenen Kleidungsstücken zu gelangen. »Noch nicht«, rief Conrad hinter ihm her. »Das Beste kommt noch. Auf die Knie«, befahl er. Der Junge gehorchte. »Augen zu«, befahl er. Conrad öffnete seinen Hosenschlitz und steckte dem Kind seinen Penis in den Mund. »Und jetzt lutschen«, schrie er ihn an. Der »Kleine« schloss seinen Mund und tat, was man ihm befahl. Conrad, dessen Penis nicht erigierte, begann, in den Mund des Jungen zu urinieren. Dieser befreite sich mit einer heftigen Bewegung und spuckte den Urin aus. »So geht das nicht«, brüllte Conrad. Er ging ins Badezimmer und kam mit einem Glas gelber Flüssigkeit zurück. Es war sein Urin. »Trink das«, befahlen die drei ihrem Opfer. Der Junge weinte und flehte, sie sollten das nicht von ihm verlangen. Aber es half nichts. Der »Kleine« führte das Glas mit zitternder Hand an den Mund und nahm einen Schluck. Die drei schrien: »Schluck runter, schluck runter.« Es gelang dem Kind, schnell ins Badezimmer zu laufen, den Urin auszuspucken. Nachdem er den Mund ausgespült hatte, kam er zurück ins Wohnzimmer und flehte: »Lasst mich doch gehen.«

Aus dem CD-Player klang es etwa so:

Grüne sind der letzte Dreck,
fresst sie auf und kotzt sie raus.
Fangt sie ein und hängt sie auf,
schlitzt sie auf und brüht sie gar.
...
Ja, wir wollen wieder Kriege,
wir wollen die Hippies in unseren Suppentopf kriegen.
Fressen wir sie einfach auf,
zeigen unsere Macht und treten einfach drauf.

»Lasst mich doch gehen«, bettelte noch einmal der »Kleine«.

»Nein, das muss man ergänzen«, sagte einer der drei. »Zum Trinken gehört auch Essen.« Er nahm mit einem Stück Papier den Inhalt des Katzenklos auf und befahl dem Jungen, die Exkremente zu essen. Der »Kleine« schloss mit aller Macht seinen Mund, doch die anderen hieben so lange auf ihn ein, bis er die Exkremente in den Mund nahm. Irgendwie gelang es ihm wieder, ins Badezimmer zu laufen und seinen Mund auszuspülen.

»Jetzt machen wir es so, wie Steffen das macht«, hatte Enrico plötzlich eine Idee.

»Wer ist Steffen?«, fragte Conrad.

»Steffen ist einer aus unserer rechtsextremistischen Clique. Der ist der Anführer der Rechtsextremisten im Nachbardorf.«

»Und was macht der?«

»Ich zeige es euch.« Enrico zog ein Klappmesser aus der rechten Hosentasche. Aus der linken holte er ein Feuerzeug. Damit machte er die Messerklinge heiß und schnitt dem »Kleinen« in die Hand.

Plötzlich klingelte das Telefon. Conrad nahm ab. Es war ein Nachbarsjunge, ein Freund von Conrad. »Ich wollte nur wissen«, sagte der, »ob du da bist, weil ich mal kurz vorbeikommen wollte.« Ohne auf eine Antwort zu warten, legte der Anrufer auf. Panik brach bei den drei Peinigern aus. »Schnell, schnell, der soll sich anziehen. Dirk kommt. Der ist schon unterwegs.«

»Aber der Kleine wird uns bei der Polizei verpfeifen«, sagte einer der drei ängstlich.

»Was wollen wir jetzt machen? Was machen wir mit ihm?«, fragte wieder einer.

»Wir haben jetzt keine Zeit zu diskutieren, Dirk ist in ein paar Minuten hier.«

Conrad nahm den »Kleinen« an den Schultern, schüttelte ihn durch und fragte: »Wirst du uns verpfeifen? Los, sag!«

»Nein, nein«, jammerte der »Kleine«. »Ich sage keinem ein Wort.«

»Wir bringen dich um, wenn du auch nur ein Wort sagst. Merke dir das gut«, drohte Conrad.

Enrico versuchte, dem Jungen die Kleidung überzuziehen, doch nur die Jeans war noch zu gebrauchen. Alles andere war schmutzig oder kaputt. Denis gab ihm deshalb einen Pullover, der dem Kind eigentlich viel zu groß war.

»Das Hakenkreuz muss weg«, brüllte Enrico. Sie versuchten, das Hakenkreuz und das Ⓐ zu entfernen. In dem Moment klingelte es an der Tür, dann noch einmal. Sie hörten Dirk laut rufen: »Conrad, verdammt, was machst du so lange? Lass mich rein. Ich habe keine Zeit.«

Conrad öffnete die Tür. Dirk sah den Jungen und sagte nur: »Ihr sitzt alle tief in der Scheiße«, und befreite das Kind. »Wehe, wenn du jemandem was erzählst. Dann bist du mit Sicherheit tot«, riefen die drei ihm hinterher.

Es war inzwischen 13 Uhr geworden. Das Martyrium hatte fast fünf Stunden gedauert.

Der Junge ging zur Schule. Er brauchte niemandem zu erzählen, was vorgefallen war. Als die Lehrer sahen, in welchem Zustand er sich befand, alarmierten sie sofort den Notarzt und die Polizei. Alles nahm seinen Gang. Am Ende stand die Verurteilung der drei. Conrad und Enrico wurden jeweils zu einer Jugendstrafe von drei Jahren und sechs Monaten verurteilt. Denis erhielt eine Jugendstrafe von zwei Jahren.

Sind solche Menschen normal?

Als ich mit den drei Tätern sprach, versuchte jeder, dem anderen die Hauptschuld zu geben. So wie ich es immer wieder bei diesen Fällen erlebte. Es war schwierig, den Ablauf der Tat ganz genau zu rekonstruieren. Doch das ist wohl nicht von Belang. Ist es überhaupt von Bedeutung, wer was zuerst getan hat? Ob der eine oder der andere das Opfer zehn- oder zwanzigmal geschlagen hat? Ist es wichtig, wer zuerst das eine tat und wer zuletzt das andere unterlassen hat? Die Tat als solche und die Voraussetzungen des Dramas sind von Bedeutung.

Wie können junge Menschen so erbarmungslos sein? Wie kann man solchen Menschen begegnen? Wie kann man dem Bösen vorbeugen?

Ich sprach viele Stunden mit den drei Tätern. Sie zeigten dabei keine echte Reue, kein Mitleid, keine Scham.

»Welche Erklärung haben Sie für diese Tat?«, fragte ich Conrad.

Nach vielen »Ich weiß nicht« sagte er mit leiser Stimme: »Ich fühlte mich dabei groß und stark.«

»Groß und stark?«, fragte ich. »Ist das nicht der gleiche Grund, den Sie mir bereits als Erklärung für Ihre Zugehörigkeit zur rechtsextremistischen Szene gegeben haben? Um sich groß und stark zu fühlen?«

»Ja, das ist dasselbe«, murmelte er.

Conrads Bruder, Denis, stellte ich die gleichen Fragen. Zuerst antwortete er nicht.

»Es ist mir wichtig, zu wissen, welche Erklärungen Sie für diese grausamen und für mich schwer vorstellbaren Handlungen haben«, insistierte ich.

»Ich weiß es nicht«, sagte er.

»Wirklich nicht?«

»Ich habe mir eben nichts dabei gedacht.«

»Sie haben sich nichts dabei gedacht?«, fragte ich, ohne eine Antwort zu erwarten.

Auch Enrico hatte sich nichts dabei gedacht. Er berichtete die Geschehnisse so, als würde er ein Programm absolvieren oder eine Checkliste abarbeiten. Er versuchte, dem Geschehen eine Alltäglichkeit zu verleihen. Bei unseren Gesprächen bagatellisierte und reduzierte er die Schwere und Bedeutung seiner Taten und deren Folgen. Auch bei ihm waren kein Mitleid, kein Erbarmen und keine Scham vorhanden. Angst allerdings hatte er, genau wie die anderen. Alle drei hatten riesige Angst vor den Folgen ihrer Tat. Nicht vor den Folgen für den »Kleinen«. Nur vor dem Knast.

Ich fragte Enrico: »Der ›Kleine‹ war doch ein Kind, das Sie gut kannten. Wieso haben Sie das mitgemacht? Wieso haben Sie ihn gemeinsam mit den beiden anderen so zugerichtet?«

Auch Enrico antwortete: »Ich weiß es selbst nicht. Warum, warum?« Dann sagte er aber: »Ich glaube, ich wollte beweisen, dass ich kein Feigling bin.«

In der letzten Phase meiner Geschichte stellte ich allen drei Tätern die Dimension dieses Geschehens und die möglichen Folgen, die die Brutalität ihrer Handlungen für das Kind haben könnten, in einem konfrontativen Szenario dar. Das beeindruckte die drei kaum. Auch damit konnte ich bei ihnen kein Mitgefühl erwecken und keine Fähigkeit, eigene Verantwortlichkeit und Schuld zu erkennen. Scham und Reue blieben aus.

Ich versuchte abzuklären, ob bei einem oder gar bei allen eine Art Abhängigkeit, Hörigkeit oder Angst vor einem der Mittäter bestand. Die Analyse der Täter-Täter-Beziehung konnte das aber nicht bestätigen.

Jeder, der von diesem Verbrechen gehört oder darüber in der Zeitung gelesen hatte, stellte sich wahrscheinlich die Frage: »Sind das normale Menschen, die so etwas tun?« Man neigt dazu, spontan zu sagen: »Nein, solche Menschen sind nicht normal.«

Aber Normalität und Anomalität haben viele Gesichter.

Nicht nur medizinische oder juristische Facetten. Es ist offensichtlich, dass alle drei Täter – wie auch die meisten anderen Täter dieser Art – unter schwersten neurotischen Störungen leiden, ganz gleich, wie man diese Neurose nennen will, diese Persönlichkeitsdefizite und Persönlichkeitsstörungen definieren will. Unsere Untersuchungen bestätigten die neurotischen Störungen und die Persönlichkeitsdefizite der drei. Aber sie bestätigten auch, dass alle drei Täter das Martyrium ihres Opfers fünf Stunden lang sadistisch genossen. Sie, die sonst zu den Verlierern gehören, genossen dabei das Gefühl der Stärke, der Dominanz und der Überlegenheit, das sie sonst nicht erleben können. Sie fühlten sich dabei »stark und groß«. Sie fanden es »cool«, genau wie das Marschieren mit den anderen Gleichgesinnten, das Grölen menschenverachtender Parolen und Lieder.

Immer wieder die gleiche Dynamik, die gleiche Psychologie, die gleiche Schwäche, die sich an der Illusion der Stärke berauscht. Immer wieder die gleichen Beweggründe.

Trotz ihrer Defizite wären alle drei zur Tatzeit in der Lage gewesen, anders zu handeln, als sie gehandelt haben. Ihre neurotischen Störungen, Traumatisierungen und Defizite waren nicht derart, dass die Täter nicht mehr selbstbestimmt handeln konnten.

Alle drei wurden deshalb auch als voll schuldfähig bezeichnet.

Die Zeitungen berichteten ausführlich über diesen Fall, aber nur in einer einzigen Zeile konnte man lesen, dass die drei der rechtsextremistischen Szene angehören. Dieser Zusammenhang wurde von der Öffentlichkeit praktisch nicht wahrgenommen.

Wenn Schwäche sich zu Grausamkeit wandelt

Gewalt ist blind. Menschen, die zu Gewalttaten neigen, haben in der Regel einige charakteristische Persönlichkeitsmerkmale, die dazu prädestinieren. (Ich spreche hier nicht von dem zufälligen, einmaligen, unerwarteten, durch widrige bzw. begünstigende äußere Faktoren – wie zum Beispiel Alkohol – ausgelösten Gewaltausbruch.)

Bei Menschen mit einer Neigung zur Gewalt, einer permanenten überdurchschnittlichen Aggressionsbereitschaft gibt es immer wiederkehrende Muster: eine eingeschränkte Fähigkeit, sich in die Gefühle anderer Menschen hineinzuversetzen und Mitgefühl zu entwickeln; Mangel an Schambereitschaft; Mangel an der Fähigkeit, in sich zu gehen und eigene Verantwortlichkeit und Schuld zu erkennen; Respektlosigkeit gegenüber dem Wohl, der Würde und der Integrität anderer Menschen; Impulsivität und Explosivität im Verhalten; aggressive Durchsetzung eigener Interessen; schwerer Egoismus und mangelnde Bereitschaft, soziale und gesetzliche Normen zu akzeptieren u. a. mehr. Diesen Merkmalen sind wir bis jetzt im Rahmen dieses Buches schon reichlich begegnet.

Wie es dazu kommt, dass ein Mensch solche Merkmale entwickelt, die ihn in der Regel das ganze Leben lang begleiten, hat die Wissenschaft noch nicht vollständig geklärt. Sicher ist, dass dabei viele Faktoren eine Rolle spielen. Die ungünstigen familiären und sozialen Faktoren sind nur zwei davon. Hinzu kommen wahrscheinlich auch biologische Faktoren, genetische und andere anlagebedingte Voraussetzungen. Es ist nicht immer zwingend zu sagen: Die Person A oder B ist so geworden, weil sie vor der Formung der Persönlichkeit und des Charakters, also etwa vor dem 15. Lebensjahr, zerrüttete familiäre Verhältnisse, Gewalterlebnisse oder eine negative soziale Umgebung hatte. Wir kennen viele Beispiele von Menschen, die aus belasteten sozialen Konstellationen kommen und trotzdem eine positive soziale Entwicklung genommen und eine intakte Persönlichkeit entwickelt haben. Manche Künstler, manche Wissenschaftler, manche Führungspersönlichkeiten sind leuchtende Beispiele dafür. Aber auch Millionen durchschnittliche, in ihrem Rahmen erfolgreiche Menschen, die aus ähnlichen Verhältnissen kommen, bestätigen das. Nichtsdestotrotz darf die Rolle der sozialen Umgebung und der Familie, vor allem in den ersten Jahren der Kindheit, nicht unterschätzt werden. Aber sie darf auch nicht überschätzt werden. Vor allem, weil Kinder und Jugendliche sich auch gegenseitig erziehen. Ideen und Vorlieben des einen Jugendlichen können leicht von anderen Jugendlichen angenommen und übernommen werden. Vor allem im Rahmen einer Gruppendynamik, wie sie sich in Cliquen und Szenen herausbildet.

Unabhängig davon, welche Faktoren zur Entwicklung solcher Persönlichkeitsmerkmale führen, die man weitgehend als dissoziale oder antisoziale Merkmale bezeichnen kann, ist zu befürchten, dass sie sich mit dem Eintritt ins Erwachsenenalter verfestigen und Jahrzehnte nicht rückgängig gemacht werden können. Sie können höchstens abgemildert werden. Oder die betroffene Person lernt – vor allem im Rahmen von Therapien oder aufgrund anderer positiver Einflüsse –, besser mit diesen Merkmalen umzugehen. Aber rückgängig können sie nicht gemacht werden. Das höhere Alter bewirkt vermutlich eine starke Abschwächung solcher Merkmale. Bei Menschen über 60 Jahre verlieren sie an Schärfe und Gefährlichkeit. Bis dahin aber können sie Gewalt erzeugen.

Und diese Gewalt ist blind. Sie kann sich in Mord und Totschlag, in Körperverletzung und Vergewaltigung, in Kinderschändung und Zerstörung fremden Eigentums äußern. Blinde Gewalt ist beliebig.

Nehmen wir als Beispiel einen Sexualstraftäter: Nicht jeder Kinderschänder oder Vergewaltiger hat eine sexuelle Perversion. Im Gegenteil. Nur bei einem kleinen Teil der Kindesmissbrauchstäter kann eine krankheitswertige Pädophilie diagnostiziert werden. Und nur ein unbedeutender Teil der Vergewaltiger hat eine krankheitswertige sexuelle Perversion. Am häufigsten handelt es sich um Persönlichkeiten, die solche dissozialen Merkmale haben, wie ich sie bereits erwähnte. Sie nehmen das sexuelle Gut so wie auch jedes andere Gut: mit Gewalt. Ohne Rücksicht auf andere Menschen, auf die Opfer, die sie verletzen oder gar töten. Die Opfer sind auch in diesen Fällen in der Regel zufällig.

Jeder kann ein Opfer blinder Gewalt werden.

Rechtsextremistische Gewalt ist Gewalt wie jede andere. Aber sie hat doch einige zusätzliche Merkmale:

Sie ist eine hasserfüllte Gewalt

Sie ist maskiert und verkleidet.

Sie trägt das dünne, durchsichtige Mäntelchen einer »politischen Ideologie«. Ein Mäntelchen und eine Maskerade, die nichts verbergen kann.

Die hasserfüllte Gewalt richtet sich gegen das »Andere«. Nicht gegen einen *bestimmten* Anderen. Wer anders denkt, anders lebt, eine andere Hautfarbe, eine andere Nationalität hat, aus anderen religiösen Kulturkreisen stammt oder als schwächer eingeschätzt wird, kann Opfer werden.

Die blinde, hasserfüllte Gewalt rechtsextremistischer Verbrecher überdeckt die Schwäche der Täter. Rechtsradikale Gewalt ist die grausame Gewalt von Losern.

Schwäche und Grausamkeit verschmelzen zu einer finsteren Einheit, die mordet, schändet, verbrennt und foltert.

Mir kommt sie vor wie ein apokalyptischer Reiter, angetrieben von krankhaften Liedern und Parolen. Manchmal gesteuert von versteckten Drahtziehern, manchmal aus eigenem Antrieb, den vermutlich Schwächeren suchend, um sich an dessen Blut, Leid und Demütigung zu berauschen. Die, die eigentlich Verlierer und Verlorene sind, wähnen sich in solchen Momenten stark und siegreich – ein Moment, der schnell wieder vergeht.

Aufgrund meiner Erfahrungen als psychiatrischer Gutachter kann ich nur sagen: Ich habe viele rechtsextremistische Gewalttäter kennen gelernt. Aber ich habe noch keinen Starken unter ihnen gesehen.

Keinen Gewinner.

Keinen Hochintelligenten.

Keinen Siegertyp.

Ich habe nur Feiglinge gesehen.

Ich habe nur schwache, eingeschränkte, gepeinigte Verlierer gesehen.

Ich habe nur einen Haufen Elend gesehen.

Menschen, die keinen Stolz und keinen Ehrbegriff kennen.

Auch wenn sie mir immer wieder sagen: »Ich bin Rechtsextremist, weil ich stolz bin, ein Deutscher zu sein.«

Dagegen spräche nichts, wenn das Wort »Stolz« nichts anderes bedeutete, als dass man sich mit der Nation, zu der man gehört, identifiziert – mit ihrer Kultur, ihren Bräuchen, ihren Leistungen, ihrer historischen Entwicklung. Wenn man zugleich alle anderen Nationen dieser Welt respektiert und achtet. Und diesen gleichermaßen »Stolz« auf ihre Identität zugesteht. Nichts ist gegen einen solchen Stolz einzuwenden, wenn diese Identifikation gleichzeitig von Betroffenheit begleitet ist, was Verfehlungen, Fehlleistungen und Verbrechen angeht, die im Namen der Nation geschahen oder geschehen.

Leider wird der Begriff »Stolz« von Rechtsextremisten überall auf der Welt missbraucht. Die Formulierung »Ich bin stolz, ein . . . zu sein«, klingt – unabhängig von der Nationalität – aus den Mündern von Rechtsextremisten nur nationalistisch. Das heißt, die eigene Nation wird über alle anderen gestellt. Die Konsequenz dieser vermeintlichen Superiorität ist die vermeintliche Inferiorität, also die Minderwertigkeit anderer Nationen.

Seien wir selbst stolz auf die eigene Nation – im weiter oben beschriebenen Sinn des Respekts und der Anerkennung anderer Kulturen –, um den Rechtsextremisten die Bedeutung des zweideutigen Satzes: »Ich bin stolz, ein Deutscher zu sein«, durch ein anderes Verständnis von Stolz aus dem Mund zu nehmen.

Wir nehmen damit den Rechtsextremisten – sowohl den Gewalttätern als auch den Schreibtischtätern – eine gefährliche Waffe aus der Hand.

Die Sittenwächter Deutschlands und der Mord an Herrn Otto

Die Täter Florian und Gunnar

»Deutschland reinigen, richtig reinigen. Von all diesen Schwarzen, Ausländern und Vergewaltigern. Na ja, zumindest die meisten von denen. Oder zumindest viele.« Das erzählen mir fast alle rechtsextremistischen Gewalttäter, egal, ob sie Schwarze oder Weiße, Ausländer oder Deutsche ermordet haben.

Die Floskeln sind immer dieselben.

Die Opfer sind immer neue, obwohl die Geschichten sich fast stereotyp wiederholen.

Als ich vor längerer Zeit die drei Täter untersuchte, die, wie ich bereits in »Hitlers Urenkel« beschrieben habe, den Tod eines armen, geistig behinderten Mannes zu verantworten hatten, wusste ich bereits, dass diese Brutalität wahllos jeden treffen kann. Damals hatten die drei Rechtsextremisten in einer öffentlichen Passage den geistig behinderten Herrn Dänicke so misshandelt, dass die Rechtsmedizinerin vor Gericht sagen musste: »Der Kopf des Opfers sah aus, als hätte jemand damit Fußball gespielt.« Nur wenige Meter von dem sterbenden Mann entfernt tranken sie das Bier, das sie ihm neben den wenigen Pfennigen, die er bei sich hatte, weggenommen hatten. Diese drei, die mir erzählten, sie wollten Juden vergasen, »weil die an so einen komischen Mensch Jesus Christus glauben«, töteten einen Menschen, weil sie ihn für schwächer hielten als sich selbst. Die Schwäche des Opfers machte sie »stark«. Ohne dass die Herkunft des Opfers eine Rolle gespielt hätte.

So war es auch bei der Ermordung von Herrn Otto. Herr Otto litt an einer chronischen Schizophrenie und war deshalb invalidisiert worden. Außerdem war er homosexuell. Eine willkommene Mischung für manche leeren Köpfe und manche leeren Herzen. Bei der Neonaziband »Stahlgewitter« heißt es:

> Für mich bist du ein perverses Schwein,
> deinesgleichen steckst du ihn von hinten rein,
> weibliche Wesen interessieren dich nicht,
> was du bist, sag ich dir ins Gesicht.
>
> Pervers und abnormal, ein schwules Hochzeitspaar.
> Pervers und abnormal, steht bald vorm Traualtar.
> Pervers und abnormal, wollen Kinder adoptieren.
> Pervers und abnormal, wie wäre es denn mit kastrieren?
>
> Könnt ihr nicht kapieren, dass wir so etwas hassen,
> keiner hindert euch, Deutschland zu verlassen.
> Von mir aus könnt ihr gern im tiefsten Urwald bleiben,
> und es auf den Bäumen mit den Affen treiben.
>
> Die Seuche Aids tobt in euren Kreisen,
> die macht euch zu Waisen.
> Homos, die auch heute zu dir gehen,
> können morgen die Radieschen von unten sehen.

Solche und ähnliche Lieder kennen auch die Brüder Florian und Gunnar. Sie hatten viele davon besessen, bevor die Polizei sie beschlagnahmte. Auf den CDs der Gruppe »Stahlgewitter« findet sich neben dem oben zitierten auch ein Lied mit dem Namen »Im Bundestag«. In diesem Lied geht es um die Mitglieder des Bundestages, um »Schwule und Lesben, die uns regieren«. Ein anderes Lied, »Das System«, endet damit, dass daran »die SPD mit ihren Brüdern und Schwestern« und »die Bonner Bonzen, die auch einer so großen Schande zustimmen«, schuld seien.

Der Reichstag wird verhüllt von einem Idioten,
die Scheiße heißt Kunst, das wird uns hier geboten.
So eine große Schande hat es noch nicht gegeben,
das werden uns unsere Vorväter niemals mehr vergeben.
...
Aber alle Parteien werden noch unser ganzes Volk vernichten.

Schwule, Lesben, der Bundestag, die SPD, die Kunst und das System – alles in einen Topf, alles weg! Genau das ist die geistige Nahrung von Florian und Gunnar.

Florian war zum Tatzeitpunkt 29 Jahre alt und damit der ältere der beiden. Er war dynamischer und stärker als Gunnar, der 26-jährige »kleine« Bruder. Gunnar schaute zu seinem älteren Bruder auf. Er bezeichnete ihn als »sein Vorbild«. Das hinderte ihn aber nicht daran, den Bruder, das Vorbild, zu belasten. Gunnar versuchte, die Rolle, die er bei der Tötung von Herrn Otto gespielt hatte, zu minimieren.

Meine erste Begegnung mit Florian im Untersuchungszimmer des Gefängnisses endete schnell. Es kam mir ein kleiner, drahtiger junger Mann entgegen, mit schwarzem Kinnbart und kurz geschorenen Haaren. Er trug eine Tarnhose und, nein, keine Springerstiefel im Gefängnis, sondern Turnschuhe. Kein »CONSDAPLE«-T-Shirt, sondern ein normales Shirt. Ich bat ihn, Platz zu nehmen. Er stand aber unsicher neben dem Stuhl und meinte: »Ich ... ehm ... nein ... ehm. Ich möchte kein Gutachten. Ich muss erst mit meinem Anwalt darüber sprechen.«

»Gibt es einen Grund dafür, dass Sie eine Begutachtung ablehnen?«

»Ja, ich muss erst mit meinem Anwalt sprechen.«

»Das ist Ihr gutes Recht«, sagte ich, »es ist aber von der Begutachtung unabhängig.« Ich erklärte ihm, dass eine Begutachtung unter Umständen für den Angeklagten hilfreich sein kann. Fast stotternd erwiderte Florian: »Ich lehne nicht die Begutachtung ab. Ich möchte nur einen Gutachter meiner Wahl haben.«

»Ich glaube nicht, dass das Gericht Ihnen diese Möglichkeit lässt. Es sei denn, Sie wollen ein zusätzliches privates Gutachten erstellen lassen. Dann dürfen Sie natürlich jeden Gutachter bestimmen, den Sie wollen. Besprechen Sie das am besten mit Ihrem Verteidiger. Wenn Sie einen Gutachter Ihrer Wahl möchten, muss das unbedingt mit dem Verteidiger und dem Gericht abgesprochen werden.« Dann verabschiedete ich mich und ging.

Wenige Tage später rief mich Florians Verteidiger an und teilte mir mit, dass sein Mandant mit einer Begutachtung durch mich einverstanden sei. Er erklärte mir, warum Florian mir misstraute: Es hatte sich im Gefängnis herumgesprochen, dass ich das Buch »Hitlers Urenkel« geschrieben hatte und Rechtsextremisten bei mir keine Chance hätten.

»Aber Herr Verteidiger«, sagte ich, »das Gutachten ist nach bestem Wissen und Gewissen und nach wissenschaftlichen Kriterien zu erstellen, und nicht nach Sympathie oder Antipathie. Nicht nach ideologischen Einstellungen oder sozialen Präferenzen.«

»Das weiß ich schon«, meinte der Verteidiger, »aber meinem Mandanten musste ich das erst klarmachen.«

Es lagen im Übrigen bereits aufgrund der Angaben seines Bruders so viele Informationen über die Tat, Florians Rolle dabei und seine Biographie vor, dass diese auch ohne Begutachtung ein klares Bild für das Gericht ergeben hätten. Vielleicht trug das dazu bei, dass Florian seine Meinung änderte. Florian war bei all unseren Gesprächen nicht offen. Nicht nur bezüglich der Tat selbst, sondern auch in Bezug auf viele andere Dinge. Wir benötigten viele Querinformationen von seinem Bruder, von Zeugen und aus den Akten, um ein vollständiges Bild seiner Biographie gewinnen zu können.

Das Bild der Brüder Florian und Gunnar stellt sich folgendermaßen dar: Beide gehören den rechtsextremistischen Kreisen an. Florian bagatellisierte diese Tatsache und machte kaum Angaben darüber. Gunnar erzählte zwar mehr, hatte aber die gleiche Tendenz. Florian gehörte der NVF, der »Nationalen Volksfront«, an, die inzwischen verboten ist. Offensichtlich war Florian so aktiv, dass auch vor der jetzigen Tat bei ihm zu Hause polizeiliche Razzien durchgeführt worden waren. Dabei wurden verbotenes rechtsextremistisches Material und vor allem rechtsextremistische Musik beschlagnahmt. Danach wurde Florian vorsichtiger.

Gunnar war mit 14 Jahren zunächst Anhänger der »Linken« gewesen.

»Wer sind die ›Linken‹?«, wollte ich wissen.

»Die mit den bunten Haaren.«

»Was vertreten die für eine Ideologie?«

Nachdem ich ihm das Wort »Ideologie« erklärt hatte, meinte Gunnar: »Weiß ich nicht.«

»Sie wissen also nicht, welche Einstellung die ›Linken‹ haben?«

»Nein.«

»Aber warum waren Sie denn dann ein ›Linker‹?«

»Ich wollte dazugehören. Wir haben so rumgehangen. Das war alles. Ich wollte dort Freunde finden, weil ich sonst keine hatte. Während der Schulzeit war ich immer allein. Nachdem ich mich den ›Linken‹ angeschlossen hatte, hatte ich Freunde. Aber so spannend war das auch nicht. Also wechselte ich zu den ›Rechtsextremisten‹. Bei den ›Linken‹ war ich nur wenige Monate. Mit 14 oder 15 kam ich zu den ›Rechten‹. Bei denen hat mir die Musik gefallen. Die hat mich inspiriert.«

»Ach ja«, kommentierte ich, »die Musik hat Sie inspiriert. Was heißt inspiriert? Was meinen Sie damit?«

»Die spielt für mich eine große Rolle. Ich höre sie auch jetzt noch. Märsche mit Fanfaren und so was. Musik vom Ersten und Zweiten Weltkrieg, die macht mich ›high‹.«

»Nur das hören Sie? So viel ich weiß, fand auch bei Ihnen

eine Razzia statt. Dabei hat die Polizei verbotenes Material sichergestellt. Unter anderem wurden Musikkassetten gefunden und CDs. Können Sie mir sagen, was die Polizei beschlagnahmt hat?«

»Na, verbotene rechtsextremistische Musik.«

»Was genau?«

»Na, Lieder von den zehn kleinen Negerlein, Bombern über Dresden, Musik von ›Kraftschlag‹, ›Landser‹, ›Fackelschein‹ und so was.«

Gunnar, der von seinem Bruder in die rechtsextremistische Szene eingeführt worden war, sprach viel über Hitler, den er als »krankes Genie« bezeichnete.

»Was meinen Sie damit?«, wollte ich wissen.

»Der hat so viele Arbeitsplätze geschaffen und die Autobahn gebaut.«

»Und das finden Sie genial?«

»Ja, aber der hat ja noch mehr getan. Der wollte einen größeren Reichstag und eine ideale Hauptstadt bauen. Außerdem waren seine Strategien toll. Der wusste immer, wie man Kriege führt.«

»Aber«, merkte ich an, »Hitler hat den Krieg verloren.«

»Ja, ja, aber nur durch Spionage und Verrat. Strategisch aber war er sehr gut.«

»Wissen Sie auch etwas zum Thema ›Hitler und die Juden‹?«

»Ja, der hasste die Juden und die Ausländer. Der wollte die Juden vernichten, um seine eigene Rasse zu züchten.«

»Was meinen Sie damit?«

»Der wollte eine Rasse züchten, die blond mit blauen Augen und hart wie Kruppstahl ist. Eben eine eigene Rasse. Die wollte er züchten, indem er die Juden wegsperrte und erlaubte, dass nur die Deutschen Kinder bekommen dürfen.«

Als ich Gunnar hörte, dachte ich an ein Lied von »Fackelschein«, einer der Gruppen, die Gunnar und Florian liebten.

Der Rabbi ist ein Raffer, mit dunklen Augen und schwarzem Haar.
Eines des hässlichsten Wesen, die ich jemals sah.
Er nistet sich ein in fast allen Ländern dieser Welt,
beutet sie aus und zählt grinsend dabei sein schmutziges Geld.

»Ich habe ein Buch zur deutschen Geschichte, über den Zweiten Weltkrieg und so. Da steht drin, wie die alles gemacht haben, mit den U-Booten und so. Das finde ich ganz toll«, fuhr Gunnar fort.

»Und Sie hören auch weiterhin die rechtsextremistische Musik?«

»Ja, die höre ich.«

»Ich dachte, Sie gehören nicht mehr dazu«, bemerkte ich.

»Nach der polizeilichen Razzia habe ich Angst bekommen. Seitdem bin ich neutral. Mein Bruder auch.«

Die Eltern der beiden Brüder sind nicht geschieden. Es sind einfache Leute, die mit den beiden Söhnen nicht zurechtkamen. Vor allem Florian zeigte schon sehr früh dissoziale Züge, beging häufig Diebstähle, konsumierte Alkohol und Drogen. Das führte zu vielen Spannungen mit den Eltern, so dass er mit 16 Jahren von zu Hause weglief. Sein dissoziales Verhalten führte dazu, dass er in eine Sonderschule umgeschult werden musste. Zu diesen Auffälligkeiten kam eine unterdurchschnittliche Intelligenz (IQ 78). In der Sonderschule besserte sich die Situation nicht. Florian beging weiterhin Diebstähle, bestahl sogar häufig seine Eltern und schwänzte die Schule. Eine Lehre auf dem Bau, die er nach der Schule begonnen hatte, beendete er nicht. In den letzten Jahren hat er nicht gearbeitet, sondern hat sich – wie er es selbst ausdrückte – herumgetrieben. Er lebt von Sozialhilfe und gehört der verbotenen »Nationalen Front« an. Florian hat eine reiche kriminelle Karriere hinter sich; bis zum Zeitpunkt des Mordes war er bereits 15 Mal verurteilt worden – wegen Körperverletzung, Raubüberfällen, Diebstählen. Wenige Monate vor der Tötung von Herrn Otto war er aus dem Gefängnis entlassen worden, wo er wegen gemeinschaftlicher Körperverletzung gesessen hatte.

Florian hat bisher nur kurzfristige sexuelle Partnerschaften gehabt, wobei für ihn eine sexuelle Beziehung vorwiegend eine Triebbefriedigung darstellt, ohne entsprechende emotionale Beteiligung im Sinne von Liebe und Gefühlen.

Florian, so stellte sich in den Untersuchungen heraus, hat eine »kombinierte Persönlichkeitsstörung«, die vorwiegend aus dissozialen und impulsiven Zügen besteht, wie ich sie auch schon bei Bert beschrieben habe. Er besitzt also nicht die Fähigkeit, sich in die Gefühle anderer Menschen hineinzuversetzen und Mitgefühl zu entwickeln; er hat eine »defizitäre Empathiefähigkeit«. Auch hat er kaum die Bereitschaft, in sich zu gehen und eigene Verantwortlichkeit und Schuld zu erkennen; fachlich gesprochen also eine mangelhafte Introspektionsfähigkeit. Weiterhin ist er nicht bereit, nach einer begangenen schlechten oder unterlassenen guten Tat Scham zu entwickeln. Er hat die starke Tendenz, irgendwelche Ursachen für sein fehlerhaftes Verhalten zu finden oder die Verantwortung auf andere Menschen oder Situationen abzuschieben; er entwickelt keine langfristigen Pläne, hat keine große Bereitschaft, soziale Normen zu respektieren und Perspektiven zu entwickeln, und besitzt auch nicht die Fähigkeit, feste Partnerschaften zu pflegen. Das sind die häufigsten dissozialen Züge, die ich Ihnen hier noch einmal in Erinnerung bringen möchte. Aber auch die impulsiven Züge, die ich schon bei Bert beschrieben habe, sind bei Florian reichlich zu finden: Neigung zu impulsiven Handlungen mit Ausbrüchen von Wut und Zorn; unbeständige und unberechenbare Stimmung; Einschränkung der Fähigkeit für lang andauernde Tätigkeiten und Neigung zu »parasitärem Lebensstil«. Darunter versteht man, nicht von eigener Arbeit zu leben, sondern auf Kosten anderer. Es war darüber hinaus auffallend, wie oberflächlich Florians Gefühle sind. Außerdem hat er ein starkes Stimulationsbedürfnis, das so genannte »Sensation seeking«, und ein hohes, sehr hohes Aggressivitätspotenzial.

Florian konsumiert sowohl Alkohol als auch Drogen. In Freiheit trinkt er bis zu 15 Bier und dazu eine bis anderthalb Flaschen Schnaps pro Tag. Inzwischen ist er alkoholabhängig. Dazu raucht er jeden Tag Hasch.

Rechtsextremisten behaupten, gegen Drogen und Dealer zu sein. Meine Erfahrung mit ihnen ist eine andere. Fast alle haben selbst eine starke Neigung zum Alkohol und viele von ihnen auch zu Drogen. Aber das ist nur einer von vielen Widersprüchen.

Gunnar ist sowohl vom Aussehen her als auch als Persönlichkeit das genaue Gegenteil seines Bruders. Pummelig, ja fast schon dick, hat er ein rundes, rosiges »Mondgesicht«, dünnes blondes Haar, ist hoch gewachsen und weinerlich. Immer wieder weinte er. Als er das erste Mal in das Untersuchungszimmer geführt wurde, war er bereits am Weinen. Er nahm vor meinem Schreibtisch Platz.

»Warum weinen Sie denn?«

»Es ist hier alles so furchtbar.«

»Was meinen Sie damit?«

»Ich war bis gestern in einem anderen Gefängnis, in der Nachbarstadt. Und gestern wurde ich wegen der Untersuchungen hierher verlegt. Ich kenne hier niemanden, habe keinen Fernseher, habe nichts zu lesen, deswegen fühle ich mich so unglücklich und muss weinen.«

»Machen Sie sich keine Sorgen«, beruhigte ich ihn, »in zwei bis drei Tagen werden wir fertig sein, und dann gehen Sie wieder zurück. Aber jetzt müssen Sie sich etwas zusammenreißen, weil wir viel miteinander zu besprechen haben und ich einige Tests durchführen möchte.«

Gunnar beruhigte sich vorläufig, aber immer wieder brach er in Tränen aus. Nicht aus Reue, nicht aus Scham, nicht aus Mitgefühl mit seinem Opfer, Herrn Otto, sondern wegen der Umstände seiner Inhaftierung, der drohenden Strafe, der Befürchtung, dass er zu lange im Gefängnis festgehalten werden könnte.

Gunnar bewundert seinen Bruder Florian sehr. Das verwundert, weil Gunnar seinen Bruder eindeutig als eine dissoziale Persönlichkeit beschreibt. Er bezeichnet ihn selbst als Nazi und erwähnte auch den Drogenkonsum. Die Persönlichkeit seines Bruders bewundert er trotzdem. Der verkrafte alles viel leichter, nehme alles »auf die leichte Schulter« und treibe ihn an. Es war uns schon zu Beginn unserer Untersuchungen klar, dass Gunnar die Tendenz hat, seine Beziehung zu den Eltern und dem Bruder zu idealisieren. Er beschrieb zuerst eine harmonische Familie. Aber dann sagte er: »Als ich 17 war, habe ich versucht, mir das Leben zu nehmen.«

»Warum haben Sie das getan?«

»Ich hatte so viele Probleme mit meinen Eltern.«

In der Schule hatte Gunnar keinen Erfolg. Er besuchte sie neun Jahre lang, hat aber nur den Abschluss der 7. Klasse. Zweimal blieb er sitzen, einmal wurde er zurückgestellt. Er hat oft die Schule geschwänzt und in der Zeit Spielkasinos besucht. In der Schule wurde er gehänselt, weil er übergewichtig war. Die Mitschüler verprügelten ihn häufig, deshalb suchte er den Anschluss an Cliquen. Zuerst versuchte er es bei den »Linken«, dann wandte er sich den Neonazis zu. Es gelang ihm, nach einem Berufsvorbereitungsjahr eine Lehre als Maurer zu absolvieren. Leider machte seine Neigung zum Alkohol seine Bemühungen und auch die eines Onkels in Westfalen um eine berufliche Integration zunichte. Er konsumierte über zehn Flaschen Bier und zwei große Flaschen Schnaps pro Tag. Im Laufe der Zeit entwickelte er eine Alkoholabhängigkeit. Seine Beziehungen zu Frauen waren ein Misserfolg. Mal verließ ihn die Freundin wegen eines anderen, mal wurde er rausgeworfen, nachdem er Alkoholiker geworden war. Gerichte und Gefängnisse kannte er schon vor der Tötung von Herrn Otto. Bereits mit 16 Jahren wurde er erstmals wegen Körperverletzung und räuberischer Erpressung verurteilt. Dann folgten immer neue gefährliche Körperverletzungen. Jetzt steht er zum vierten Mal vor Gericht, dieses Mal wegen Mordes. Zur

Tatzeit war Gunnar obdachlos. Er übernachtete mal bei den Eltern, mal bei Kumpels oder in einer Gartenanlage.

Auch bei ihm wurde eine Persönlichkeitsstörung festgestellt mit den folgenden Merkmalen: Labilität der Gefühle, Ängstlichkeit, große Unsicherheit, Beeinflussbarkeit, starke Minderwertigkeitsgefühle, Angst vor Kritik und Ablehnung, mangelnde Empathiefähigkeit, die mangelnde Fähigkeit, eigene Schuld und Verantwortlichkeit zu erkennen, mangelnde Schambereitschaft, Angst vor dem Verlassenwerden, Gefühl der Leere und Langeweile, Unsicherheit gegenüber dem eigenen Selbstbild und die Tendenz, in schwierigen Situationen suizidale Gedanken zu entwickeln. So griff er bei Problemen mit den Eltern und der Freundin demonstrativ zu »Suizidhandlungen«. Es war aber immer jemand anwesend, der ihn daran hinderte.

An dem Tag, als Herr Otto umgebracht wurde, wollten die beiden Brüder einen Kumpel im Nachbarort besuchen. Auf dem Weg zum Bahnhof sahen sie Jugendliche auf einem Spielplatz herumlungern. Alle waren erheblich jünger als die beiden, so um die 15 bis 16 Jahre alt. Florian dagegen war 29, Gunnar 26 Jahre alt. Florian und Gunnar kannten die Jugendlichen. Alle tranken Bier, und die beiden Brüder schlossen sich der Gruppe an. Irgendwann im Laufe des Nachmittags erzählte einer der Jugendlichen: »Wisst ihr was, bei uns im Haus wohnt jemand, der nicht ganz beieinander ist – ein geistig Kranker oder so was. Der ist schwul. Man sagt auch, er ist ein Kinderficker. Bei dem gibt es auch viel zu holen, ich war schon in seiner Wohnung. Der hat eine Stereoanlage, Fernseher, CD-Player und auch Geld.«

»Das müssen wir unbedingt klären, mit dem schwulen Kinderficker«, bemerkte Florian. Florian übernahm die Führung. Sie gingen also zu Herrn Otto. Die beiden Brüder und einige der Jugendlichen, über die ich hier nicht weiter berichten werde, weil ich sie nicht untersucht habe. Der Prozess, der später gegen alle

Beteiligten stattfand, wurde für die beiden erwachsenen Brüder getrennt von den Jugendlichen geführt. Vier von ihnen – Hannes, Horst, Ingolf und Ivo – wurden zu hohen Jugendstrafen verurteilt. Auch sie sind nach den Angaben der Vorsitzenden Richterin schwerst dissozial und haben Kontakt zum Skinheadmilieu. Da ich sie aber nicht selbst begutachtet habe, beschränke ich mich hier auf die beiden Brüder, die Hauptakteure.

Der Mord

Vor der Wohnung von Herrn Otto angekommen, klingelten die Täter, und der ahnungslose Herr Otto öffnete ihnen die Tür. Ohne ein Wort zu sagen, schubste Florian ihn heftig in die Wohnung zurück und zwang ihn, ins Schlafzimmer zu gehen. Dort begannen alle, ihn mit Worten wie »Schwuler«, »Kinderficker« und Ähnlichem zu beschimpfen. Dazu schlugen und traten sie auf ihn ein. Dann brachte jemand aus der Gruppe einen rechten Fahrradhandschuh. Den gab er Florian und sagte: »Der ist für dich, damit du dir nicht die Hand verletzt oder dich schmutzig machst.« Florian zog den Handschuh über und schlug Herrn Otto nun ins Gesicht, gegen Kopf und Magen. Der Mann schrie und rief um Hilfe, er blutete, doch Florian zog den Handschuh aus und gab ihn an Gunnar mit den Worten weiter: »Jetzt bist du dran.« So ging es weiter, bis das Opfer fast verstummt war.

Während die einen schlugen und traten, suchten die anderen die Wohnung nach mitnehmenswerten Sachen ab. Sie nahmen die Lautsprecherboxen, das Portemonnaie mit sechs Euro Inhalt, den Wohnungsschlüssel, viele Bierflaschen, Wurst, Käse und andere Lebensmittel aus dem Kühlschrank. Nachdem sie das Telefonkabel durchgeschnitten hatten, damit der schwerst verletzte Herr Otto keine Hilfe herbeirufen konnte, verließ die Bande die Wohnung, ging zurück zum Spielplatz, trank das gestohlene Bier und aß die gestohlenen Lebensmittel. Während sie Scherze über die Geschehnisse machten, fühlten sich die beiden Brüder, Florian und Gunnar, wie »Könige«.

Einer der Täter schaffte die entwendeten Gegenstände in seine Wohnung. Nach einer Weile kam jemand auf die Idee, dass Herr Otto vielleicht doch nicht »genug bekommen« habe und in der Wohnung noch viel mehr zu holen sei. »Kinderficker« lautete wieder die Parole, auch wenn es dafür weder einen Beweis noch Indizien gab. Die Täter mussten nicht einmal klingeln, denn sie hatten ja den Wohnungsschlüssel mitgenommen. Diesmal betraten nur die beiden Brüder und einer der Jugendlichen die Wohnung. Der Rest der Gruppe wartete auf der Straße, vor der Haustür. Herrn Otto war es zwischenzeitlich gelungen, sich ins Bett zu legen. Er war völlig blutverschmiert, die Haare klebten am Kopf, er atmete schwer. Der Mann, der sich nicht mehr wehren konnte, sagte nur ganz leise: »Bitte, bitte, nicht schon wieder.« Das erweckte bei den Tätern kein Erbarmen und kein Mitgefühl. Sie begannen, ihn noch einmal zu quälen, »mit überschäumender Gewalt«, wie eine Richterin bemerkte.

Florian zerrte Herrn Otto aus dem Bett und schleifte ihn durch das Zimmer. Dann traten sie wieder auf seinen Körper ein, während sie ihn als »blöder Kinderficker« beschimpften. Mit der Musikkompaktanlage, dem CD-Player, weiterem Bier und weiteren Lebensmitteln verschwanden sie aus der Wohnung und ließen den bewusstlosen Herrn Otto zurück.

Die Zeugen, die die beiden Brüder gesehen hatten, als sie Herrn Ottos Wohnung verließen, sagten später aus:

»Florian trug einen richtig blutgetränkten, nicht nur blutverschmierten, sondern richtig durchtränkten Handschuh an seiner rechten Hand. Gunnar hatte ebenfalls einen blutdurchtränkten Handschuh an seiner linken Hand. Aus dem Handschuh an Florians Hand tropfte sogar Blut.«

»Wie war der Gesichtsausdruck der beiden?«, wollte der Vorsitzende Richter wissen.

»Triumphierend, stolz, euphorisch.«

»Wie war danach die Stimmung?«, wollte der Vorsitzende Richter wissen.

»Lustig! Die beiden erzählten und erzählten, wie sie ihn geschlagen hatten, wie er reagierte, wohin sie ihn getreten hatten, was das Opfer sagte. Die fühlten sich beide groß und großartig dabei.«

Ein anderer Augenzeuge berichtete, dass drei der Täter voller Stolz die blutverschmierte Hose eines der Täter herumzeigten. Alle wollten diese Hose tragen. Die drei stolzierten dann abwechselnd damit herum. Sie beabsichtigten, die blutverschmierte Jacke und Hose als Trophäen aufzubewahren. Sie stritten darüber, wer sie behalten dürfe. Fast wie unter dem Kreuz Christi, um dessen Kleider gewürfelt wurde ...

Die Gerichtsverhandlungen zeigten, dass Florian und Gunnar die Haupttäter waren. Beim zweiten Eindringen in die Wohnung waren sie wahrscheinlich die alleinigen Akteure. Und es war dieser zweite Besuch, der tödlich verlief.

Ich fragte Florian, welche Erklärung er dafür habe, dass er mit seinem Bruder und eventuell auch einem anderen Jugendlichen Herrn Otto getötet hatte.

»Ich habe ihn auf jeden Fall nicht getötet«, sagte er. »Ich habe nur mit ihm diskutieren wollen, warum er Kinder missbraucht.«

»Wussten Sie mit Bestimmtheit, dass er sich an Kindern vergriffen hat?«

»Nein, ich wollte das ja rauskriegen. Also habe ich ihn rein freundschaftlich gefragt: ›Du, die andern erzählen so was. Ist das wahr?‹«

»Freundschaftlich?«, fragte ich.

»Ja, freundschaftlich«, antwortete Florian, ohne rot zu werden.

»Kannten Sie Herrn Otto vorher?«

»Nein, den habe ich zum ersten Mal gesehen. Ich habe dem gesagt: ›Mensch, Junge, lass das mit den Kindern sein.‹«

»Hat Herr Otto denn etwas in dieser Richtung zugegeben?«

»Nein, aber der hat auf einen der Jugendlichen gezeigt. Der ist um die 15 oder 16 Jahre alt. Das habe ich für ein Geständnis gehalten. Ich habe ihn auf jeden Fall weder getreten noch geschlagen. Ich wollte nur das mit dem Kindesmissbrauch klären. Man sieht ja täglich im Fernsehen, wie viele Kinder missbraucht werden.«

»Ist nicht die Polizei dafür zuständig?«

»Weiß ich nicht«, war seine knappe Antwort.

Florian hatte unter anderem seine Nahrung aus der Gruppe »Frontalkraft« und deren Lied »Geier über Deutschland« gezogen:

> Schau dich um in unserem Land,
> was kannst du sehen?
> Ein' Heimat voller Schand,
> eine Jugend, die den Drogen verfällt,
> alles dreht sich nur ums Geld.
> Mütter, die ihre Kinder töten,
> die Menschlichkeit in größten Nöten.
> ...
> Volksverrat, Korruption, Kulturverfall,
> Kinderprostitution, Lügen und Heuchelei,
> Betrug, Gier, Perversion, Gewalteskalation,
> Mord und Völkerbrei,
> und die Geier ziehn ihre Kreise über unserm Vaterland.

Florian wollte die »Geier« verjagen. Florian, der Alkoholiker, der Drogenkonsument, der Kriminelle, hatte sich vorgenommen, Deutschland zu reinigen.

Und Gunnar?

»Warum haben Sie die Tat begangen?«, fragte ich ihn.

»Ich habe nichts gemacht. Ich war betrunken. Ich war nur ein Mitläufer und nicht mehr. Ich habe dem nur eine Ohrfeige gegeben«, sagte er weinerlich.

»Warum haben Sie ihm eine Ohrfeige gegeben?«

»Weil auch die anderen das getan haben.«

Florian hatte nicht so viel getrunken, dass dadurch seine Einsichts- oder Steuerungsfähigkeit beeinträchtigt gewesen wäre. Aus diesem Grund haben wir dem Gericht empfohlen, ihn als voll schuldfähig zu bezeichnen.

Gunnar hatte mehr Promille im Blut. Wir konnten deshalb eine Beeinträchtigung der Steuerungsfähigkeit nicht ausschließen. Außerdem haben wir dem Gericht empfohlen, eine Unterbringung in einer Entziehungsanstalt anzuordnen. Wir haben die Hoffnung, dass er dort von seinem Alkoholkonsum wegkommt. Gunnar schien uns ansatzweise motiviert für eine Entwöhnungsbehandlung, im Gegensatz zu seinem Bruder, der nicht erkennt, dass er ein Alkoholproblem hat.

Das Landgericht verurteilte Florian zu 15 Jahren Haft, Gunnar zu 14 Jahren.

Apollon, der Gott des Lichts und der Musik, und das Herz der Finsternis

Auf seinem langen evolutionsgeschichtlichen Weg von der ostafrikanischen Ebene zum Mond und zu den Planeten machte der Mensch viele Entdeckungen. Während seiner langen Entwicklung vom Australopithecus zum Homo sapiens sapiens – vom Affen zum Menschen – erreichte er immer höhere Stufen. Er entdeckte nicht nur die Kunst des Feuermachens und das Rad, sondern auch Ethik und Philosophie. Aus ihr entwickelte sich die Idee der Humanität: die Menschlichkeit.

Ihre Geburt fand auf dem blutgetränkten Boden Trojas mitten im inhumanen Krieg statt. Der Grieche Achilles tötete dort bekanntlich im Kampf Hektor, den geliebten Sohn des trojanischen Königs Priamos. Aus Rache dafür, dass Hektor seinen besten Freund Patroklos getötet hatte, aber auch im Einklang mit den damaligen Bräuchen zur Besänftigung der Seele des getöteten Freundes, verweigerte Achilles die Beerdigung Hektors und schleifte ihn, an seinen Kampfwagen gebunden, tagelang um die Mauern von Troja.

Viele olympische Götter waren trotz allem Verständnis für die Trauer des Achilles empört. Allen voran Apollon, der Gott des Lichtes:

»Achilles ist zu einer Bestie geworden, weil er keine Barmherzigkeit und keine Scham zeigt«, rief er den anderen Göttern auf dem Gipfel des Olymp zu.

Erbarmen und Scham: dies sind für Apollon die Unterscheidungsmerkmale zwischen einer Bestie und einem Menschen.

Priamos ging in das Lager der Griechen und bat Achilles um Erbarmen und Mitgefühl. Er erinnerte Achilles daran, dass das, was ihm, Priamos, jetzt widerfuhr, eines Tages auch seinem, Achilles Vater, geschehen und ihm das Herz brechen könnte. Wie es jeder von uns erleben kann.

Achilles fühlte Erbarmen und Scham. Er zeigte Menschlichkeit und Humanität. Und er übergab Priamos den Leichnam seines Sohnes, damit er ihn würdig beerdigen konnte.

So wurde in der abendländischen Kultur die Humanität, die Menschlichkeit, geboren.

»Der Mensch, der kein Erbarmen und keine Scham kennt, ist kein Mensch, sondern eine Bestie«, urteilte der Gott des Lichtes, Apollon.

Was würde er heute sagen, wenn er die tagelange Folter an Herrn Weiland sähe, ein Fall, über den ich später noch berichten werde, die unter den Klängen der menschenverachtenden rechtsextremistischen Musik stattfand? Was hätte er gesagt, wenn er den »Kleinen« gesehen hätte, wie der mit den Borsten einer Klobürste im Mund weinend nach den Klängen dieser Musik tanzen musste? Was hätte er gesagt, wenn er die Schändung von Anna gesehen, wenn er den Mord an Alberto Adriano, die Schreie der brennenden Vietnamesen, das vergebliche Bitten um Erbarmen des armen Herrn Otto gesehen hätte? Was hätte der Gott des Lichtes gesagt?

Apollon war auch der Gott der Musik.

»Es tut mir Leid, dass ich manchmal etwas homerisch werde. Aber das steckt auch in meinen Genen«, sagt Jeffrey Eugenides, der Autor von »Middlesex«. Es steckt also in den »Genen«, in meinen und – das wäre meine Hoffnung – in den »Genen« jedes zivilisierten Menschen. Das wäre es, was ich mir wünschen würde: Humanität als Selbstverständnis jedes zivilisierten Menschen.

Vergewaltiger – die Saubermänner Jochen und Kevin

Jochen

Bei manchen spektakulären Prozessen gegen Kinderschänder oder Vergewaltiger, die die Aufmerksamkeit der Medien erwecken, kann man vor den Gerichtsgebäuden Gruppen von Rechtsextremisten sehen, die Transparente mit Aufschriften wie »Todesstrafe für Kinderschänder«, »Todesstrafe für Vergewaltiger« und Ähnlichem hochhalten. Wenn ich solche Bilder in den Nachrichten sehe, denke ich nicht nur an Axel und Bert, nicht nur an Florian und Gunnar, sondern auch an viele andere. So etwa an Zölestin und seinen Freund Sven, deren Geschichte ich schon ausführlich in »Hitlers Urenkel« erzählt habe.

Zölestin hatte nur ein Idol, Hitler, und nur ein Paradies, das Dritte Reich. Er wollte eine Gesellschaft, sauber, solidarisch, ohne Kriminalität und Ungerechtigkeit. Kinderschänder, Vergewaltiger und andere Kriminelle sollten hingerichtet werden, wie während des Dritten Reiches. Ein Reich der Engel war das Dritte Reich für Zölestin, und so sollte die Welt wieder werden. Deshalb war er dafür, die jetzigen Regierenden – ohne Ausnahme korrupt, unfähig und verlogen, wie er meinte – zu stürzen. Nur eine einzige Partei sollte es geben – die Partei der Gerechten, der aufrichtigen Menschen. Die Partei der NSDAP. Zölestin und sein Freund Sven wollten aber auch unbedingt »eine Olle vergewaltigen«. Es traf ihre Freundin Hilde. Sie lauerten ihr auf, jagten sie durch die Straßen, trieben sie auf einem Friedhof in die Enge, hielten sie auf einem Grabstein fest, rissen ihr die Kleider vom Leib. Während der eine ihr ein scharfes Messer an den Hals hielt, vergewaltigte sie der andere mehrfach. Danach tauschten sie die Rollen. Dann, nach einer langen Pause, töteten sie Hilde, ihre Freundin, das Opfer, mit mehreren Messerstichen. Wochenlang feierten die beiden ihre Tat. Sie fühlten sich als »Übermenschen«. Sie fuhren triumphierend durch die Republik und beschlossen, das Ganze zu wiederholen. In einer anderen Stadt nahmen sie eine Prostituierte als Geisel, fesselten und vergewaltigten sie und versuchten auch sie umzubringen. Es grenzte fast an ein Wunder, dass ihr Leben gerettet wurde.

Ich denke auch an viele andere rechtsextremistische Straftäter, die mir in den vielen Jahren meiner Tätigkeit als psychiatrischer Gutachter begegneten. So etwa an Jochen.

Jochen stand in den letzten zwölf Jahren häufig vor Gericht. Er lebte mit nur wenigen kurzen Unterbrechungen in Gefängnissen. In Zukunft wird er noch viele Jahre in Haft verbringen. Jochen wurde wegen mehrerer gefährlicher Körperverletzungen, Diebstählen und zweier Vergewaltigungen zu mehreren Jahren Haft verurteilt. Als wir ihn zum ersten Mal sahen, er war 28 Jahre alt, hatte er seine erste Vergewaltigung begangen und stand wegen einer gefährlichen Körperverletzung vor Gericht. Zu seiner ersten Vergewaltigung sagte er: »Ich hab sie nicht vergewaltigt. Ich habe die Alte ganz normal gebumst. Danach habe ich sie sogar an einen Bekannten von mir für 30 DM verkauft. Ich habe sie verkauft, weil ich Schnaps brauchte.«

»Verkauft?«, fragte ich. »Verkauft man Menschen?«

»Das sagt man einfach so.«

»Hat die Frau auch Geld von Ihnen genommen? War sie eine Prostituierte?«

»Nein. Sie hat kein Geld von mir genommen.«

Seine Biographie gleicht den Biographien, die ich schon dargestellt habe. Also werde ich nur ein paar Stichworte angeben: zerrüttete Familie, überall Misserfolge, kein Beruf, in den letzten 14 Jahren hat er nicht mehr gearbeitet. Der Alkohol begleitet ihn seit der Jugend, er ist alkoholabhängig. Und er ist Rechtsextremist. Die Körperverletzungen hat er unter Alkoholeinfluss begangen. Wir empfahlen dem Gericht bei der ersten Vergewaltigung, ihm durch die Unterbringung in einer Entziehungsanstalt eine Chance zu geben. Das Gericht nahm diese Empfehlung an. Der Aufenthalt in der Entziehungsanstalt war jedoch katastrophal. Jochen zeigte nicht die geringste Therapiebereitschaft. Die Behandlung wurde also abgebrochen und Jochen kam zurück ins Gefängnis. Wenige Monate nach seiner Entlassung stand er erneut vor Gericht. Auch diesmal wegen Vergewaltigung.

An einem Abend im August hatte er an einer zuvor ausgewählten Stelle einer jungen Frau aufgelauert. Irgendeiner jungen Frau, es sollte keine bestimmte sein. Kurz danach erschien Alice, eine 18-jährige Frau, die gerade von der Arbeit kam. Jochen lief hinter ihr her. Als er das Gefühl hatte, nicht gesehen zu werden, packte er sie am Nacken und zerrte sie ins Gebüsch. Dabei drohte er ihr, wenn sie sich weigere, werde er sie umbringen. »Gib dein Geld her, sonst werde ich dir wehtun«, rief er. Er entnahm dem Portemonnaie ein paar Geldscheine. Alice bettelte: »Lass mich doch bitte gehen.«

Aber Jochen dachte nicht daran, sondern würgte sie mit der rechten Hand und forderte sie auf, sich auszuziehen. Er zwang sie zum Oral-, anschließend zum Vaginal- und dann zum Analverkehr. Alice hoffte auf Hilfe, als sich Passanten dem Grundstück näherten. Das beeindruckte Jochen aber kaum. Er forderte noch einmal Oralverkehr. Zwei junge Frauen sahen, wie Jochen Alice in das Gebüsch zerrte. Sie holten Hilfe und durchsuchten das Gebüsch. Jochen rief den Leuten zu: »Haut ab, das ist unsere Sache. Das geht euch nichts an.« Als Jochen erkannte, dass sie sich nicht täuschen ließen, zog er die Hose hoch und rannte los. Zwei der Helfer konnten seine Flucht verhindern. Die Polizei kam und nahm ihn fest.

Jochen wurde zu acht Jahren Haft mit Sicherungsverwahrung verurteilt.

Kevin

Kevin war zum Zeitpunkt seiner letzten Straftaten 23 Jahre alt. Er hat eine »rechtsextremistische Meinung«. Er will Deutschland von den kriminellen Ausländern befreien und mit Juden nicht das Geringste zu tun haben.

»Aus welchen Gründen?«, fragte ich.

»Die sind keine gleichwertigen Bürger wie die Deutschen. Ich möchte meine Zelle mit niemandem teilen, der Jude ist. Dann lieber mit einem Ausländer.« Er findet zwar die Vergasung der Juden »blöd«, aber sonst gefallen ihm Hitlers Meinungen recht gut.

Auch er kommt aus traurigen familiären Verhältnissen: Die Eltern Alkoholiker und geschieden, das Sorgerecht wurde dem Vater zugesprochen; mit 14 Jahren verließ Kevin aber das väterliche Haus. Auch er ist Sonderschüler. Nachdem er zu Hause ausgezogen war, wohnte er in einem betreuten Wohnen, wurde aber dort wegen seines aggressiven Verhaltens nicht mehr geduldet. Lange Zeit war er obdachlos, wohnte bei Kumpels oder auf der Straße. Seinen Lebensunterhalt finanzierte er mit Diebstählen und Einbrüchen, nicht aber durch Arbeit. Eine ältere Frau versuchte ihm zu helfen. Sie nahm ihn in ihr Haus auf und vermittelte ihm eine Lehrstelle als Koch. Kurz danach wurde er jedoch wegen krimineller Handlungen inhaftiert. Kevin stand schon mit 14 Jahren erstmals vor Gericht. Vor dem 14. Lebensjahr wurde er mindestens 13-mal mit zur Polizeiwache genommen. Nachdem er mit 14 Jahren strafmündig geworden war, stand er wegen Autodiebstahls vor Gericht. Er berichtet, dass er, wenn er anfange, jemanden körperlich anzugreifen, erst aufhören könne, wenn Blut fließe. Kurz nach seiner Haftentlassung zündete er das Haus seiner Großmutter an. Er wollte sich rächen, weil er sich von ihr benachteiligt fühlte. Seiner Meinung nach bevorzugte die Oma andere Enkelkinder. Das Haus brannte bis auf die Grundmauern nieder. 14 Tage nach der Entlassung bezüglich dieser Brandlegung wurde er wegen Autodiebstahls erneut verhaftet.

Wenige Wochen, nachdem er wieder frei war, vergewaltigte er brutal eine Frau.

Es war an einem Novembertag, kurz nach Mitternacht, als er die Entscheidung traf, ein Auto aufzubrechen und damit eine Spritztour zu unternehmen. Nach fünfstündiger Fahrt wollte er das Auto an einem entfernteren Parkplatz abstellen. Es war inzwischen 6 Uhr morgens, als er eine Frau, Lora, beobachtete, die mit ihrem Fahrrad Zeitungen austrug. Er beobachtete Lora, wie sie auf ihr Fahrrad stieg und davonfuhr. Mit dem Auto rammte er ihr Fahrrad, sodass sie zu Boden stürzte. Kevin legte den Rückwärtsgang ein und fuhr die am Boden Liegende an. Es gelang Lora, obwohl an beiden Beinen verletzt, sich an einem Zaun hochzuziehen. Kevin nahm noch einmal Anlauf, doch Lora rollte auf den Boden und entging so der neuen Attacke. Kevin stieg aus, ging auf die am Zaun hockende Frau zu und schlug ihr mit voller Wucht die Faust ins Gesicht. Dann zerrte er sie ins Auto und fuhr mit hoher Geschwindigkeit davon. Lora war vor Angst wie gelähmt und schrie nicht mehr. Nach mehreren Kilometern hielt er an, stieg aus und rauchte eine Zigarette. Lora hockte währenddessen zitternd und weinend im Auto. Er öffnete die Tür und befahl ihr unter Todesdrohungen, sich auszuziehen. Die völlig verängstigte und schwer verletzte Frau gehorchte. Kevin vergewaltigte sie auf dem Beifahrersitz und befahl ihr danach, nackt zu bleiben, bis er eine weitere Erektion bekäme. Einige Minuten später vergewaltigte er sie erneut. Nach der zweiten Vergewaltigung forderte er sie auf, sich wieder anzuziehen. Dann verlangte er ihr Portemonnaie. Das lag aber in der Tasche, die noch am Fahrradlenker hing. Kevin fuhr also mit seinem Opfer zurück zum ersten Tatort und ließ sich dort das Portemonnaie geben. Es war nur wenig Geld darin. Er befahl Lora, mit ihm zur Sparkasse zu fahren und von ihrem Konto Geld abzuheben. Lora hob ihre sämtlichen Ersparnisse, 400 DM, ab und gab sie ihm. Anschließend fuhr er mit Lora zu einer abgelegenen Gartenkolonie, warf sie aus dem Wagen und ließ sie dort liegen.

Das Gericht erkannte seine volle Schuldfähigkeit und verurteilte ihn zu fünf Jahren Haft.

Als er aus der Haft entlassen wurde, blieb er nur wenige Wochen in Freiheit. Wieder wurde er wegen einer schweren Straftat verurteilt. Direkt nach seiner Haftentlassung hatte er Autos aufgebrochen, EC-Karten gestohlen und damit Geld abgehoben. Von diesem Geld kaufte er sich Drogen.

»Ich denke, Sie sind gegen Ausländer, weil alle Dealer sind? Ich dachte, die Rechtsextremisten seien gegen Drogen? Aber Sie konsumieren doch so viele Drogen. Wie können Sie das miteinander vereinbaren?«, fragte ich ihn.

»Na ja«, war sein ganzer Kommentar.

Eines Nachts war er wieder einmal mit einem gestohlenen Auto durch die Gegend gefahren, dann hatte er bis zum Morgengrauen Drogen konsumiert. Er fuhr in die Nähe eines Gymnasiums, wo er einem Mädchen auflauerte, weil er Lust auf Sex hatte. Als er eine Schülerin entdeckte, die ihm gefiel, nahm er ein Klappmesser aus der Tasche, hielt es dem Mädchen an die Kehle und zwang sie, zu ihm in das Auto zu steigen. Er bedrohte sie dabei mit den Worten: »Halt's Maul oder ich steche dich ab.« Aber plötzlich kam eine Gruppe von Schülern um die Ecke gebogen. Als sie sahen, wie Kevin ihre Mitschülerin mit dem Messer bedrohte, begannen sie zu schreien und rannten zum Tatort. Kevin sah, dass er keine Chance mehr hatte. Er raste davon, wurde aber kurz danach gestellt und verhaftet.

Als Erklärung für seine Tat gab er an: »Ich stand unter Drogen.«

Drogen und Rechtsextremismus? Es gibt kaum einen Rechtsextremisten, der mir nicht als Motiv für seine Gesinnung den Kampf gegen Drogen und Dealer angab.

Das Gericht verurteilte Kevin wieder zu drei Jahren Haft.

Brandstifter – Lars, Matthias und Nick

Ich wurde vom Gericht beauftragt, Lars psychiatrisch zu untersuchen und Stellung zur Frage zu nehmen, ob er noch gefährlich sei. Juristisch ausgedrückt lautete das: ». . . ob sich die durch die Taten des versuchten Mordes in Tateinheit mit schwerer und besonders schwerer Brandstiftung sowie Verstoßes gegen das Waffengesetz zutage getretene Gefährlichkeit von Lars im Falle einer vorzeitigen Entlassung erneut durch ähnliche oder gleichgelagerte Straftaten äußern kann, und wie hoch gegebenenfalls eine derartige Wahrscheinlichkeit eingeschätzt wird.«

Lars ist eine sehr kleine, sehr schmale, sehr unsichere, sehr ängstliche und sehr einfach strukturierte Person. Er hat eine niedrige Intelligenz, eine eingeschränkte Welt und kaum Wissen.

Lars ist Rechtsextremist. Er gehörte der »Aktion gegen Feinde der rechtsextremistischen Szene« an. Bei der Tat war er 21 Jahre alt.

Lars wurde verurteilt, weil er und zwei Komplizen versucht hatten, mit Molotowcocktails ein kleines türkisches Restaurant, einen Dönerimbiss, anzuzünden. Zu dieser Zeit war das kleine Restaurant mit dem sehr schmalen Eingang voll besetzt. Fast ausschließlich Deutsche saßen dort. Initiator der Aktion war einer von Lars' Mittätern, der 20-jährige Matthias.

Matthias ist ein bekennender Neonazi. Sein Vater war Alkoholiker. Matthias hat aber keine Erinnerung an ihn, weil sich die Eltern vor seinem zweiten Lebensjahr scheiden ließen. Danach meldete sich der Vater nie wieder bei der Familie. Seine Mutter ist ebenfalls Alkoholikerin und wechselte häufig die Partner. Matthias hat noch drei Halbgeschwister. Die vier Halbgeschwister haben vier verschiedene Väter, die alle Alkoholiker sind. Es ist kein Wunder, dass Matthias bereits in der frühen Kindheit dissoziale Verhaltensmuster entwickelte. Mit der Schule klappte es überhaupt nicht, sodass er in das Begleitprojekt »Protektives Lernen« aufgenommen werden musste. Nach elf Schuljahren erreichte er den Hauptschulabschluss. Versuche vonseiten des Arbeitsamtes und des Jugendamtes, ihm eine Lehre zu ermöglichen, schlugen fehlt. Seine Alkoholexzesse wurden immer schwerer, er trank zusammen mit seiner Mutter und ihrem jeweiligen Lebenspartner. Drei Jahre vor der Tat schloss er sich den rechtsextremistischen Kreisen offiziell an. Er trug eine Glatze und das bekannte Outfit der Neonazis. Sein Zimmer war voll von Hakenkreuzen, Bildern von Hitler, Rudolf Heß und anderen NSDAP-»Größen«. Er hörte sehr viel rechtsextremistische Musik und brüllte die bekannten menschenverachtenden rechtsextremistischen Parolen. Trotzdem wusste er nichts über den Nationalsozialismus und die rechtsextremistische Ideologie. Nur gähnende Leere war zu explorieren. Eine gefährliche Leere, die auch durch das Hören von »Landser«, »Gestapo«, »Schlagkraft«, »Volkszorn« und vielen anderen Musikgruppen nicht kleiner wurde. Im Gegenteil. Die Lieder, die er über Auschwitz und Buchenwald, über die »großen Helden« wie Hitler, Heß und Goebbels hörte, vergrößerten die Leere, vergrößerten die Finsternis. Und wenn er Lieder sang wie »Rassenschande« von der Band »DST« (Deutsch, Stolz und Treu), war das gefährlich:

Schande, Schande, Rassenschande,
fremdes Blut in unserm Land,
deutsche Frau halt dein Blute rein,
denn Mischlingskinder sollen nicht sein.
Deutsche Frau halt dein Blute rein,
denn Bastarde dürfen nicht sein.

Ich ging langsam weiter, doch ich war nicht allein,
denn vor mir auf der Straße lief so ein Türkenschwein.

An seiner rechten Hand hielt er eine deutsche Frau,
ich spuckte ihr ins Gesicht und schlug den Ali blau.
Danach kamen die Bullen, es war mir einerlei.
Für mich sind sie nur Nutten, ich lachte noch dabei.
Denn Adolfs Rassenlehre ist das, war wirklich zählt.
Gott weiß es, reines Blut ist das, was Deutschland fehlt.

Oh, Schande.

Lars' anderer Mitangeklagter war der 16-jährige Nick. Auch er kam aus zerrütteten familiären Verhältnissen und hatte ebenfalls nur die Sonderschule besucht. Schon ab der ersten Klasse besuchte er eine Lernbehindertenschule. Seine Mutter war minderbegabt und unfähig, selbständig zu leben, sodass das Jugendamt sie jahrelang durch einen Familienhelfer unterstützte. Nicks zwei Brüder wurden schon in ihrer frühesten Kindheit in Heimen untergebracht. Nach Beendigung der Sonderschule gelang es Nick nicht, eine Ausbildungsstelle zu finden. Dann kam er in ein Unterstützungsprogramm des Vereins »Kids + Co.«. Er sollte einen Beruf im Gastgewerbe erlernen, gleichzeitig wurde er sozialpädagogisch betreut.

Auch Nick ist rechtsextremistisch. »Gegen Ausländer und so. Und für Hitler und so.«

»Warum?«

»Keine Ahnung.«

Aber wie er selbst vor Gericht sagte, fühlt er sich in den Kreisen der Rechtsextremisten stark. Endlich stark. Trotz seines sehr jungen Alters machte er schon mehrmals Erfahrungen mit der Justiz, wegen Raubes, Diebstahls, aber auch wiederholt wegen Verwendung verfassungswidriger Kennzeichen wie Hakenkreuzen und anderer NSDAP-Symbolen.

Persönlichkeiten wie Lars, Matthias und Nick, Florian und Gunnar, Axel und Bert lauschen entzückt Liedern wie »Eiserne Jugend« von »Foierstoss«

Skinhead sein, das heißt Krieg.
Unsere Fahnen weisen klar zum Sieg.
...
Hier kommt die eiserne Jugend,
stolz und stark und immer bereit.
Hier kommt die eiserne Jugend,
die neue Elite, Helden der Zeit.

Am Tattag besuchte Lars die beiden Freunde an ihrem Wohnort. Sie lebten in einer großen deutschen Metropole. Er selbst wohnte in einem kleinen Ort, etwa hundert Kilometer entfernt. Sie tranken Alkohol und hörten rechtsextremistische Musik.

»Die Musik macht aggressiv«, sagte Lars.

»Aggressiv gegen wen?«

»Aggressiv gegen Ausländer, vor allem Schwarze, Juden und andere.« In dieser, von Musik und Alkohol hoch geputschten aggressiven Stimmung schlug Matthias den anderen vor, Molotowcocktails zu bauen, um eine »Aktion« zu starten. Lars und Nick stimmten sofort zu. Die »Aktion« sollte sich gegen Linke und Ausländer richten. Die drei gehörten ja zur »Aktion gegen Feinde der rechtsextremistischen Szene«. Sie kauften einen Kanister Benzin an einer nahe gelegenen Tankstelle und bastelten zwei große Molotowcocktails. Als erstes Ziel hatten sie eine Kneipe der »linken Szene« im Auge. In der Nähe der Kneipe begannen sie, Gehwegplatten herauszureißen und diese zu zerschlagen. Mit den Bruchstücken wollten sie die Scheiben der Kneipe zerschlagen und anschließend die Brandflaschen hineinwerfen. Die Kneipe war aber voll, und zur Enttäuschung der drei Neonazis standen viele Leute davor, die tranken und rauchten. Sie warteten über eine Stunde, in der Hoffnung, dass sich die Leute vor der Kneipe entfernen würden. Vergeblich. Alle drei wussten aber, in dieser Nacht musste etwas geschehen. Auf jeden Fall.

So beschlossen sie, einen kleinen türkischen Imbiss einige Straßen weiter ins Visier zu nehmen. Matthias kannte den Besitzer. Wie er selbst vor Gericht sagte, wusste er, dass der Imbiss hauptsächlich von Deutschen frequentiert wurde. Aber das spielte für die drei keine Rolle. Am Dönerimbiss angekommen, sahen sie, dass der kleine Laden dicht gefüllt war, so um die zwölf Gäste saßen dort. Die drei beobachteten den Imbiss, warteten, bis drei Gäste, die davor standen, weggingen und entwarfen schnell einen Fluchtplan. Die drei Angreifer zogen Masken über und trugen Handschuhe, um Fingerspuren auf den Molotowcocktails zu vermeiden. Sie näherten sich der offenen Tür der Imbissbude. In einer Entfernung von ungefähr zwei Metern blieben sie stehen. Matthias holte aus und warf den schon angezündeten Molotowcocktail in den Imbiss. Er traf aber eine Besucherin, eine Deutsche, die gerade den Imbiss verlassen wollte. Sie schrie laut auf. Ihr Schreien hinderte Lars nicht, seine Brandflasche ebenfalls zu werfen. Er verfehlte aber die Türöffnung, und der Molotowcocktail prallte am Türrahmen ab. Der erste Molotowcocktail setzte zwar den Fußboden in Brand, aber er zerbrach nicht. Ein beherzter Gast, Herr Schmidt, kickte ihn mit Wucht zur offenen Tür hinaus. Das Feuer verbreitete sich auf dem Asphalt vor dem Imbiss, der sogleich lichterloh brannte. Ebenfalls lichterloh brannte der von Lars geworfene Molotowcocktail vor dem Imbiss. Die drei Angreifer flüchteten, wurden aber kurz darauf von einem Streifenwagen der Polizei gefasst.

»Warum haben Sie das getan?«, fragte ich Lars.

»Weil der Imbissbesitzer ein Türke war.«

»Und was hat das für eine Bedeutung?«

»Ich war damals rechtsextremistisch. Ich gehörte zur ›Aktion gegen die Feinde der rechtsextremistischen Szene‹.«

»Und die Mitglieder dieser Gruppe verbrennen Menschen? Ganz abgesehen davon, dass die Opfer fast alle Deutsche gewesen wären.«

»Ich will keine Menschen verbrennen«, antwortete Lars kleinlaut. »Ich wollte vor den Augen der anderen nicht als ›Flasche‹ dastehen.«

Nachdem ich ihm die Begriffe »Religion«, »Ideologie« und »politisch« erklärt hatte, konnte ich einiges über seine rechtsextremistische Einstellung herausfinden. Lars gehörte wie auch sein Zwillingsbruder seit einigen Jahren den rechtsextremistischen Kreisen an.

»Was hat Sie zu diesen Kreisen geführt?«, fragte ich.

»Ich weiß nicht. Aber meine ganzen Freunde, die ganze Schule und die Jugendlichen der Gegend, wo ich gewohnt habe, sind solche Leute. Andere Leute habe ich kaum gekannt.«

Tatsächlich wohnten in dem Viertel, wo Lars aufwuchs, größtenteils Rechtsextremisten. Und er wollte einfach so sein wie die anderen. »Vor allem wie mein Bruder. Mein Bruder hat mir alles vorgemacht«, sagte Lars. » Der hat eine Glatze getragen und Neonazi-Klamotten.«

»Was bedeutet denn rechtsextremistisch?«, fragte ich.

»Gegen Ausländer, Ausländerheime und so was zu sein. Auch stolz sein, ein Deutscher zu sein. Was noch dazugehört, weiß ich nicht. Das verstehe ich nicht so richtig. Ich bin einfach mitgezogen. Wir haben uns getroffen, Alkohol getrunken und rechtsextremistische Musik gehört. Von den ›Zillertaler Türkenjägern‹, ›Landsern‹, ›Schlagkraft‹, ›Gestapo‹ und anderen.«

»Wie wirkt die rechtsextremistische Musik auf Sie?«

»Die macht aggressiv. Vor allem, wenn man ein bisschen Alkohol trinkt.«

»Welchen Inhalt haben denn diese Lieder?«

»Weiß nicht genau. Ich weiß nur, dass es in ein paar Liedern geht: raus, raus, raus. Weg mit dem Dreck.«

»Was ist unter ›dem Dreck‹ zu verstehen?«, hakte ich nach.

»Die Ausländer, die Juden und so. Dann kenn ich noch ein Lied mit dem Text ›Negerhäuptling aus Uganda‹. Das sagt, dass die Heimat weiß bleiben soll. Auch Juden sollen vergast werden, so wie Hitler das getan hat.«

»Was wissen Sie darüber?«

»Na, der Hitler hat Juden gehasst. Der wollte sie ausrotten.«

»Warum?«

»Als Hitler ein Kind war, ging der mit Juden in die Schule. Und die Juden waren bessere Schüler als er. Schon da hat er sie gehasst, weil sie im Unterricht besser waren.«

Auch Lars hat eine ähnliche Biographie wie Matthias, wie Nick und wie fast alle rechtsextremistischen Gewalttäter: Unehelich geboren, keinen Vater kennen gelernt, kurzfristig einen Stiefvater gehabt, der den kleinen Lars sexuell missbrauchte. Auch er war wie sein Zwillingsbruder und die beiden Mittäter Sonderschüler. In der Schule wurden sie gehänselt, einen Beruf hat er nicht erlernt. Er hatte »keinen Bock« auf Arbeit. Lars machte schon mehrfach wegen Diebstählen Bekanntschaft mit dem Gericht.

Bei unseren Untersuchungen trafen wir ein Häufchen Elend an. Lars ist ein extrem unsicherer Mensch, gehemmt, geplagt von einer Fülle von Minderwertigkeitskomplexen und Unsicherheiten bezüglich des eigenen Selbstbildes. Er fühlt sich selbst als Randfigur und bezeichnet sich als minderbegabt. Lars hat mit seinen 21 Jahren noch nie ein Mädchen angesprochen und bat seinen Bruder, das für ihn zu tun. Er hatte, wie er sagte, so »große Hemmungen vor Frauen«.

Die Gruppe der Rechtsextremisten bot dem kleinen, stotternden, zitternden Lars, der einen IQ von nur 64 hat, ein vermeintliches Gefühl der Stärke und Zugehörigkeit. Das Gericht erkannte, dass Lars »schwachsinnig im Sinne des Gesetzes« ist und billigte ihm verminderte Schuldfähigkeit zu. Er wurde zu zwei Jahren und vier Monaten Freiheitsstrafe verurteilt.

Matthias bekam eine Freiheitsstrafe von zwei Jahren und zehn Monaten. Die Strafe für Nick fiel mit einem Jahr und sechs Monaten milder aus, weil er keinen Molotowcocktail hatte, den er hätte werfen können.

Während der Haft erkannte Lars, wie gefährlich es für ihn sein kann, den rechtsextremistischen Kreisen anzugehören. Er hat keiner Ideologie abgeschworen, weil er keine hatte. Aber er hat mit Hilfe von Sozialarbeitern und Psychologen erkannt, dass er, wenn er so weitermacht, wieder ins Gefängnis kommt.

Ich habe dem Gericht empfohlen, ihm eine Chance zu geben und ihn vorzeitig zu entlassen. Auch schlug ich vor, eine stabilisierende Betreuung durch einen Sozialpädagogen oder Psychologen anzuordnen. Lars war tatsächlich nur eine »Randfigur«. »Schwachsinnig im Sinne des Gesetzes«, wie das Gericht erkannte.

Am Ende der Untersuchung fragte ich ihn: »Wohin werden Sie nach Ihrer Haftentlassung gehen?«

»Zu meiner Mutter. Sie ist umgezogen, in einen anderen Ort. Dort kenne ich keine Rechtsextremisten.«

»Wovon werden Sie leben?«

»Meine Mutter hat jetzt einen guten Job als Kellnerin. Bei einem Griechen.«

Wenn wir den potenziellen Molotowcocktail-Werfern die brennenden Flaschen aus den Händen nehmen, wenn wir den Mördern der Schwarzafrikaner die Messer aus den Händen nehmen, wenn wir die Verbrecher, die Synagogen in Brand stecken wollen und jüdische Friedhöfe schänden, isolieren und ihnen das Werkzeug des Bösen aus der Hand nehmen, retten wir nicht nur den Nachbarn, sondern auch uns selbst.

Wir sitzen im selben Boot.

Heute ich.

Morgen du.

Und übermorgen wir alle zusammen.

Der Zwerg und die Infantin

Wenn ich mit »meinen« rechtsextremistischen Gewalttätern zusammensitze und von ihnen höre, warum sie eine »rechtsextremistische« Meinung haben, denke ich häufig – fast immer – an Oscar Wilde und seine Kurzgeschichte »Der Geburtstag der Infantin«.

Es heißt: »Die Ausländer bringen die Kriminalität ins Land.« »Ich habe mich den Neonazis angeschlossen, weil ich gegen die kriminellen Ausländer bin.« »Weil ich ein von Kriminalität gesäubertes Deutschland möchte.« »Kriminelle müssen hart bestraft und schwere Kriminelle hingerichtet werden.« Und gleichzeitig hat ein Großteil dieser jungen Rechtsradikalen eine beachtliche kriminelle Karriere hinter sich.

Dann denke ich an Oscar Wildes Zwerg und den »Geburtstag der Infantin«. So auch, wenn ich feststelle, dass »meine« Neonaziverbrecher fast alle Alkohol im Übermaß konsumieren. Viele von ihnen sind trotz ihres jungen Lebens schon alkoholabhängig, und manche konsumieren auch Drogen. Trotzdem sagen sie: »Ich habe mich den Neonazis angeschlossen, weil ich gegen Drogen bin.« Und wenn sich der 17-Jährige, der schon zwei Flaschen Schnaps pro Tag trinkt, betrunken herumtreibt und schwere Strafen oder gar die Todesstrafe für Kriminelle fordert, kommt mir die Geschichte in den Sinn.

In dieser Erzählung geht es um Projektionen. Um nichts anderes als um Projektionen geht es bei den Gewalttätern, von denen ich spreche. Sie projizieren das, was sie selbst tun, auf andere.

Die Geschichte von Oscar Wilde geht so:

Die spanische Infantin, die Prinzessin also, feierte an diesem Tag Geburtstag. Viele Gäste kamen, viele Attraktionen, viele Feierlichkeiten fanden an diesem Tag statt. Der spaßigste Teil der ganzen Vormittagsunterhaltung war jedoch zweifellos das Tanzen des kleinen Zwerges. Als er, auf seinen krummen Beinen torkelnd und mit dem großen, missgestalteten Kopf wackelnd, in die Arena stolperte, brachen die Kinder in lautes Jubelgeschrei aus, und selbst die Infantin lachte so sehr, dass sich die Camarera genötigt sah, sie an folgende Tatsache zu erinnern: Wenn es auch in Spanien viele Fälle gäbe, da eine Königstochter vor ihresgleichen geweint habe, so gäbe es doch kein einziges Beispiel dafür, dass eine Prinzessin von königlichem Geblüt so vergnügt gewesen sei in Anwesenheit solcher, die ihr an Herkunft nachstünden. Doch der Zwerg war wirklich ganz unwiderstehlich, und selbst am spanischen Hofe, der von jeher dafür bekannt war, seiner Leidenschaft für das Grässliche zu frönen, hatte man nie eine so wunderliche kleine Missgeburt gesehen. Es war auch sein erstes Auftreten.

Erst tags zuvor war er, als er wie wild durch den Wald lief, von zwei Adligen entdeckt worden, die zufällig mit anderen in einem entlegenen Teil des großen Korkeichenwaldes jagten, der die Stadt umgibt, und sie hatten ihn als eine Überraschung für die Infantin in den Palast gebracht, da sein Vater, ein armer Köhler, nur allzu froh war, ein so hässliches und nutzloses Kind loszuwerden.

Vielleicht war das Ergötzlichste an ihm, dass er überhaupt keine Ahnung davon hatte, wie grotesk er aussah. In der Tat schien er durchaus glücklich zu sein und muntester Laune. Wenn die Kinder lachten, dann lachte er so unbefangen und fröhlich wie nur irgendeines, und am Ende jedes Tanzes verbeugte er sich vor allen auf die drolligste Weise und lächelte und nickte ihnen zu, als gehöre er wirklich zu ihnen und wäre nicht ein missgestaltetes kleines Geschöpf, das die Natur in einer sonderbaren Laune erschaffen hatte, damit andere ihren Spaß an ihm hätten. Und die Infantin bezauberte ihn ganz und gar. [. . .]

Als nun der kleine Zwerg vernahm, dass er ein zweites Mal und auf ihren ausdrücklichen Befehl vor der Infantin tanzen sollte, war er so stolz, dass er in den Garten hinauslief und in alberner Wonnenverzückung die weiße Rose küsste, die ihm die Infantin zugeworfen hatte, und sich selbst in den wunderlichsten und unbeholfensten Gebärden erging.

Die Blumen waren ganz entrüstet über seine Dreistigkeit, in ihre schöne Heimstatt einzudringen, und als sie ihn die Spazierwege auf- und niederhüpfen und auf eine so lächerliche Weise die Arme über den Kopf schwenken sahen, konnten sie ihre Gefühle nicht länger zurückhalten.

›Er ist wahrhaftig bei weitem zu hässlich, um an einem Ort spielen zu dürfen, an dem wir uns befinden‹, riefen die Tulpen. ›Er sollte Mohnsaft trinken und tausend Jahre schlafen‹, sagten die großen Feuerlilien und wurden ganz hitzig und wütend.

›Er ist ein wahrer Graus!‹, schrie der Kaktus. ›Er ist ja ganz krumm und klotzig, und sein Kopf steht in gar keinem Verhältnis zu seinen Beinen. Mich prickelt es richtig bei seinem Anblick, und wenn er mir in die Nähe kommt, werde ich ihn mit meinen Stacheln pieken.‹ [. . .]

Selbst die roten Geranien, die sich sonst nicht hervortaten und dafür bekannt waren, dass sie selber eine Unmenge armer Verwandter besaßen, rümpften vor Abscheu die Nase, als sie ihn sahen, und als die Veilchen sanft bemerkten, er sei zwar höchst unschön, doch das könne er nicht ändern, erwiderten sie sehr zu Recht, das sei gerade sein Hauptfehler, und es gäbe keinen Grund, warum man einen Menschen bewundern solle, weil er unheilbar sei, und tatsächlich hatten die Veilchen selber das Gefühl, dass die Hässlichkeit des kleinen Zwerges nahezu protzig war und dass er viel besseren Geschmack bewiesen hätte, wenn er traurig oder zumindest nachdenklich aussähe, statt fröhlich umherzuhüpfen und sich auf so groteske und alberne Gebärden zu verlegen. [. . .]

Der kleine Zwerg wanderte so um den ganzen Palast und erblickte eine kleine verborgene Tür, die offen stand. Er schlüpfte hindurch und sah sich in einem herrlichen Saal, viel herrlicher, fürch-

tete er, als der Wald; denn überall war so viel mehr Vergoldetes, und selbst der Fußboden war aus großen, bunten Steinen, die zu einer Art geometrischem Muster zusammengefügt waren. [. . .] Und dann kam er in den herrlichsten aller Säle. [. . .] Er wusste auch nicht, was ein Spiegel ist. Plötzlich entdeckte er, dass er sich nicht allein in diesem Raum befand. Unter dem Schatten des Türbogens am äußersten Ende des Raumes sah er eine kleine Gestalt stehen, die ihn beobachtete. Sein Herz bebte, ein Freudenschrei löste sich von den Lippen, und er trat hinaus in das Sonnenlicht. Als er es tat, trat auch die Gestalt hervor, und er nahm sie deutlich wahr.

Die Infantin? Eine Missgeburt war es, die lächerlichste Missgeburt, die er je gesehen hatte. Nicht ansehnlich von Gestalt wie alle anderen Leute, sondern bucklig und krummbeinig, mit einem mächtigen Hängekopf und einer Zottelmähne schwarzen Haares. Der kleine Zwerg runzelte die Stirn, und die Missgeburt runzelte ebenfalls die Stirn. Er lachte, und sie lachte mit und hielt sich die Seite, geradeso wie er selbst. Er machte ihr eine spöttische Verbeugung, und sie erwiderte sie mit einer tiefen Reverenz. Er ging auf sie zu, und sie kam ihm entgegen, jeden Schritt nachahmend, den er tat, und blieb stehen, wenn er selbst stehen blieb. Er jauchzte vor Vergnügen und lief vorwärts und streckte die Hand aus, und die Hand der Missgeburt berührte die seine, und sie war kalt wie Eis. Er bekam Angst und führte seine Hand über die Brust, und die Hand der Missgeburt machte es ihr hurtig nach. Er versuchte, vorwärts zu drängen, aber etwas Glattes und Hartes gebot ihm Einhalt, das Gesicht der Missgeburt war jetzt dicht vor dem seinen und schien voller Entsetzen. Er strich sich das Haar aus den Augen. Sie äffte ihn nach. Er schlug nach ihr, und sie gab ihm Schlag für Schlag zurück. Er zeigte seinen Abscheu vor ihr, und sie schnitt ihm abscheuliche Gesichter. Er zog sich zurück, und sie entfernte sich von ihm.

Was war das? Er überlegte einen Augenblick und sah sich nach dem anderen Teil des Raumes um. Es war sonderbar, aber alles schien in dieser unsichtbaren Wand aus klarem Wasser sein Ebenbild zu haben. [. . .]

War es das Echo? Er hatte es einmal im Tal angerufen, und es hatte ihm Wort für Wort geantwortet. Konnte es das Auge narren, wie es die Stimme nachäffte? Konnte es eine Scheinwelt schaffen, geradeso wie die richtige Welt? Konnten die Schatten der Dinge Farbe, Leben und Bewegung haben?

Konnte es sein, dass . . .?

Er erschrak, und während er von seiner Brust die schöne weiße Rose, die ihm die Infantin zugeworfen hatte, nahm, drehte er sich um und küsste sie. Die Missgeburt hatte auch eine Rose, Blatt für Blatt die gleiche! Sie küsste sie mit gleichen Küssen und drückte sie mit grässlichen Gebärden an die Brust.

Als ihm die Wahrheit dämmerte, stieß er einen wilden Schrei der Verzweiflung aus und fiel schluchzend zu Boden. Also war er es, der missgestaltet und bucklig, widerwärtig anzusehen und lächerlich war. Er selbst war die Missgeburt, und über ihn hatten alle Kinder gelacht, und die kleine Prinzessin, von der er geglaubt hatte, sie liebe ihn – auch sie hatte sich nur über seine Hässlichkeit lustig gemacht und ihren Spaß gehabt an seinen verdrehten Beinen. [. . .]

Und in diesem Augenblick kam die Infantin mit ihren Gefährten durch die offene Fenstertür herein, und als sie den hässlichen kleinen Zwerg sahen, wie er da an der Erde lag und auf die wunderlichste und überspannteste Weise mit seinen geballten Fäusten auf den Boden schlug, da brachen sie in einen Jubel glücklichen Gelächters aus und stellten sich um ihn und beobachteten ihn. [. . .] bis er sich nicht mehr bewegte.

(Aus: Oscar Wilde, Die Erzählungen und Märchen, Insel Verlag Leipzig, 1972)

So brach der Zwerg zusammen und starb.

Solange der hässliche Zwerg die Eigenschaften nicht bewusst wahrgenommen hatte und auf einen anderen projizieren konnte, fühlte er sich anerkannt und stolz. Hätte er das nicht getan, wäre er längst zusammengebrochen. Lange, bevor er den Spiegelsaal betrat. Da, wo die Projektion anfing.

Die rechtsextremistischen Gewalttäter haben aber mit Oscar Wildes Zwerg nicht nur die »Hässlichkeit« und den Projektionsmechanismus gemeinsam. Nicht nur, dass sie ihre verbrecherischen Eigenschaften auf andere projizieren:

Rechtsextremistische Gewalttäter wähnen sich wichtig und überlegen, wenn sie den Narren für andere spielen. Für andere, die aus ihren bequemen Sesseln das Gift und die Finsternis an die Narren verteilen. Die Infantin, die Herrin, hatte ihrem Narren nie gesagt: »Du bist ein Zwerg, ein hässlicher Zwerg«, sondern sie lachte und benutzte ihn zu ihrem Vergnügen. Und ihre Gefolgschaft spendete ihm Beifall. Genau wie die, die mit den vollen Bäuchen, den vollen Brieftaschen und den egopathischen Ambitionen ihren Narren nicht sagen, welch hässliche Zwerge sie sind. Im Gegenteil, sie lachen und zeigen ihre Zufriedenheit mit ihnen. Sie klatschen Beifall, und ab und zu werfen sie ihnen auch eine weiße Rose zu. Die hässlichen Zwerge wähnen sich in einer Welt voller Anerkennung. Die Stimmen der Rosen, der Tulpen und der Lilien, die über ihre wahre Natur sprechen, hören sie nicht. Nicht einmal die der Veilchen, die etwas Verständnis zeigen.

Die Mär von Solidarität und Kameradschaft – Olaf

Von Annas Geschichte und auch von der des »Kleinen« her wissen wir: Es gibt innerhalb der rechtsextremistischen Szene lebensgefährliche Prügeleien, Körperverletzungen und Hass gegeneinander. Bei Olaf jedoch bekam die Gewalttätigkeit innerhalb einer solchen Neonazigruppe einen fast offiziellen Anstrich.

Olaf habe ich nicht selbst untersucht, sondern einer unserer Psychologen hat die direkte Befragung durchgeführt. Ich formulierte die Beurteilung und hatte die Verantwortung für das Gutachten. Zu jenem Zeitpunkt saß Olaf schon drei Jahre im Gefängnis wegen »versuchten Totschlages in Tateinheit mit gefährlicher Körperverletzung«. Wir hatten vom Gericht den Auftrag erhalten, ihn zu untersuchen, um die Frage nach der Gefährlichkeit und der Wiederholungsgefahr von Taten zu beantworten. Olaf war in der rechtsextremistischen Szene sehr aktiv. Er erzählte, dass er eigentlich schon seit Jahren mit seiner Inhaftierung gerechnet habe.

»Warum haben Sie damit gerechnet?«

»In der rechtsextremistischen Szene kenne ich niemanden, der nicht schon mindestens einmal in Haft war. Vor allem nach den Überfällen auf die ausländischen Touristen auf Zeltplätzen in Mecklenburg-Vorpommern. Damals gingen die Zeltplatzüberfälle auf französische Schüler und andere ausländische Touristen durch die gesamte Presse. Ich war daran beteiligt. Die meisten meiner Mittäter wurden damals verhaftet. Einige von denen hat man aber schnell wieder entlassen. Außerdem hatten wir einen Haufen Anzeigen wegen des Besitzes verfassungswidriger Kennzeichen. Aber aus irgendeinem Grund haben die mich damals bei dem Überfall auf den Zeltplatz nicht behelligt, obwohl ich daran beteiligt war.«

Olaf gehörte zwischen dem 13. und 15. Lebensjahr der »linken Szene« an. Mit Beginn des 16. Lebensjahres wechselte er zum Gegenpol – zu den Neonazis, den extremen Rechtsextremisten. Olaf erklärte seine Zugehörigkeit zur »linken Szene« als pubertäre Erscheinung, verbunden mit einer »Scheiß-egal-Einstellung«, Rebellion gegen das Elternhaus, Gefallen am Anders-Sein und Auffallen. Und weil eben in seinem Viertel die Leute gegen die Wiedervereinigung, gegen Kohl und so etwas waren (es war das Jahr direkt nach der Wiedervereinigung Deutschlands), hat er sich einfach der Gruppe angeschlossen. Dann aber wurden die linken Kameraden in alle Himmelsrichtungen verstreut. Nachdem er in der Schule sitzen geblieben war und nun andere Mitschüler hatte, die »rechts angehaucht« waren, begann er in die rechtsextremistische Szene hineinzuschlittern. Dabei spielten seine Großeltern eine nicht geringe Rolle. Sie erzählten beeindruckende Geschichten aus dem Dritten Reich und dem Krieg. Das Militärische, die Wehrmacht, die Siege (es wurde nur von Siegen gesprochen, von der vernichtenden Niederlage nicht) faszinierten ihn. Auch die Musik gefiel ihm, zuerst die Märsche und die Fanfaren, dann die Musik gegen Juden und Ausländer. Als er 16 war, kam er mit einer Glatze und rechtsextremistischem Outfit nach Hause. Die Mutter war entsetzt. Andere Leute aber gingen auf ihn zu und wollten ihn kennen lernen.

»Was war so faszinierend an der rechtsextremistischen Szene für Sie?«

»Das Militärische. Der Zusammenhalt, die Ordnung, die Disziplin, die Kameradschaft, die die Szene propagiert. So, wie eine gute Familie. Die Neonaziszene war für mich eine Art Familienersatz.«

Mit 19 Jahren trat Olaf wohl überlegt in die NPD ein. Vor der Antragstellung hatte er sich erkundigt und viele NPD-Mitglieder über Ziele und Aktivitäten der Partei befragt. Wenige Monate später war er in die NPD aufgenommen worden. Seitdem war er immer da, wo die Rechtsextremisten waren. Er ging zu Demonstrationen mit, egal wo sie stattfanden. Er lernte die verbotenen Lieder und sang sie mit. Kameradschaftsabende, Konzerte mit »rechtsextremistischer Musik«, Plakat- und Flugblattaktionen – an allem nahm er teil. Auch wenn es um Gewaltaktionen ging. Seine Ferien opferte er voll den Aktivitäten der rechtsextremistischen Szene. Im Laufe der Zeit gehörte er zum harten Kern der NPD. Und als dann, drei Jahre nach seinem Eintritt in diese Partei, eine Gruppe Hartgesottener aus dem radikalsten Flügel der NPD die »SVP«, also die »Soziale Volkspartei«, gründete, trat er dort ein. Er war einer der Mitbegründer dieser Partei und arbeitete aktiv bei der Bildung von Landes- und Kreisverbänden mit.

»Was war anders in der SVP als in der NPD?«, wollten wir wissen.

»Eigentlich sind die Ansichten gleich. Nur bei der SVP sind wir viel radikaler in der Durchsetzung. Bei der SVP versucht man mit allen Mitteln etwas durchzusetzen. Gewalt gehört dazu. Man ist also nicht abgeneigt, andere zusammenzuschlagen.«

Bis zu seiner Inhaftierung, Mitte 1999, war er aktivstes Mitglied der SVP. Er war Kreisvorsitzender und Vorsitzender der Partei geworden.

»Was waren denn Ihre Motive für all diese Aktivitäten?«

»Zusammenhalt und Kameradschaft waren wichtig. Dann sollte es mit Deutschland wieder aufwärts gehen. Sie sehen ja, alles geht den Bach runter. Es kann nicht sein, dass immer mehr Ausländer nach Deutschland kommen und Deutsche sitzen auf der Straße. Der nationale Sinn, der nationale Gedanke ist wichtig. Deutschland soll an erster Stelle stehen, dann kommt der Rest der Welt.«

»Also Deutschland, Deutschland über alles?«

»Ja, Ausländer vergewaltigen unsere Frauen und dealen mit Drogen.«

Olaf wollte alle Ausländer mit »allen möglichen Mitteln« aus Deutschland vertreiben.

»Mit politischen Mitteln?«

»Nicht nur, auch mit Gewalt. In den Plänen unseres Kreisverbandes stand auch, dass wir unseren Landkreis mit allen Mitteln ausländerfrei machen sollten.«

Bei der Begutachtung fiel auf, dass Olaf, obwohl er uns immer wieder versicherte, er habe seine Meinung geändert, der rechtsextremistischen Gesinnung nach wie vor verhaftet war: Die Vergasung der Juden habe nie stattgefunden, die »Massenvernichtungen« würden nur von den durch Juden beherrschten Medien als solche dargestellt, die KZ-Dokumentationen seien gefälscht.

Nein, trotz seiner Bekundungen ist und bleibt Olaf ein überzeugter Neonazi, ein überzeugter, fanatischer, gewaltbereiter Neonazi. Das blieb auch so, als er sich bereit erklärte, mit dem Ministerium des Inneren zusammenzuarbeiten.

Dazu war es folgendermaßen gekommen: Einige Monate vor seiner jetzigen Inhaftierung war er verhört worden. Es war ein Brandanschlag auf eine italienische Pizzeria geplant, von dem die Polizei Wind bekommen hatte. Daraufhin wurden er und einige seiner Kameraden verhört. Dann befragte ihn der Verfassungsschutz bezüglich des Anschlages, aber auch zu Dingen, die darüber hinausgingen. Eines Tages blätterten ihm die beiden Herren des Innenministeriums einige Hundertmarkscheine auf den Tisch. Das beeindruckte ihn so, dass er freiwillig Informationen an sie weitergab. Dank seiner Tätigkeit als Kreisvorsitzender wusste er über geplante Aktionen gegen ausländische und jüdische Einrichtungen besser Bescheid als die einfachen Mitglieder. Er gab Auskunft über finanzielle Angelegenheiten, sprach über persönliche Dinge, die Mitglieder betrafen, und gab Adressen, Mitgliederlisten, Fotos, Flugblätter und Ähnliches preis.

Wie war das noch mit der Kameradschaft, Treue, Ersatzfamilie, Ordnung und Korrektheit?

Ich höre viel davon. In der Praxis sehe ich aber nichts. Wie können Kameradschaft und Treue, Solidarität und Respekt vor dem anderen in dem vergifteten Sumpf der Menschenverachtung überhaupt gedeihen? Diese Frage ist eine rhetorische Frage – wer einerseits aufgrund seiner Ideologie Menschenwürde und Menschenleben nicht respektiert, wird dies auch dann nicht können, wenn es um Menschen geht, die seinem Denken nahe stehen. Die Würde des Menschen ist unteilbar. Sie gilt für alle Menschen oder für keinen.

»Warum haben Sie Ihre Kameraden verraten?«, wollten wir von Olaf wissen.

»Wegen des Geldes. In der Lehre habe ich nur 400 bis 500 DM bekommen. Ich hatte aber ein Auto und ein Handy. Meine Ausgaben überstiegen die Einnahmen. Aber ich habe mir nichts Schlimmes dabei gedacht. Schließlich ist die rechtsextremistische Szene komplett mit V-Leuten durchzogen. Es ist wirklich eine wahre Pracht.«

Trotzdem hat er seine Gesinnung während seiner Tätigkeit als V-Mann nicht geändert. Er war noch immer aktiv und glaubte an alle rechtsextremistischen Parolen, aber gleichzeitig verriet er seine eigenen Kameraden an den »Feind«. Ein schlechtes Gewissen ihnen gegenüber hatte er nicht.

»Die Leute des Innenministeriums wissen sowieso alles. Ich habe damit nur Geld verdient.«

Gleichzeitig war er weiterhin an Brandstiftungen gegen ausländische Einrichtungen und Asylbewerberheime beteiligt und an der Planung anderer Gewaltaktionen der Partei.

Olaf predigte mit Pathos Gewalt.

Und er praktizierte sie. Dreimal wurde er dafür verurteilt. Das erste Mal als 17-Jähriger, als er gemeinsam mit anderen Rechtsextremisten einen »Linken« zusammengeschlagen hatte. Für eine Brandstiftung wurde er das zweite Mal verurteilt. Zusammen mit anderen Rechtsextremisten hatte er versucht, einen ausländischen Imbiss in Brand zu setzen. Und dann kam der versuchte Totschlag gegen einen Kameraden. Olaf war zum damaligen Zeitpunkt 21 Jahre alt. Die Tat hat sich folgendermaßen zugetragen: Er hatte ein Telefonat von rechtsextremistischen Kameraden in Mecklenburg-Vorpommern bekommen. Sie hatten ihn informiert, dass sie das dortige Asylantenheim stürmen und Jagd auf Ausländer machen wollten, die sich in der Bahnhofshalle der Stadt aufhielten, und fragten ihn, ob er daran teilnehmen wolle. Dazu erklärte er sich unter der Voraussetzung bereit, dass genügend Leute da wären. »Wir werden um die 50 Leute sein«, versprach ihm ein rechtsextremistischer Kamerad aus der Nachbarstadt. »Dann werde ich auch mit vier bis fünf Leuten kommen«, bekundete Olaf. Tatsächlich fuhr er mit sechs Kameraden an den betreffenden Ort. Alle trugen ihr Neonazioutfit mit Springerstiefeln. Olaf selbst trug so genannte »14-Loch-Stiefel« mit weißen Schnürsenkeln, die signalisierten: »Ich bin gewaltbereit.« Die 14-Loch-Springerstiefel waren mit Stahlkappen gepanzert, um beim Einsatz gegen die Feinde effizienter zu sein. Am Bahnhof angekommen, wurde sein Trupp nur von zwei rechtsextremistischen Kameraden des Ortes in Empfang genommen. Es waren die beiden, die angerufen hatten. Zur Rede gestellt, konnten sie keine befriedigende Erklärung dafür abgeben, wo die 50 anderen Stürmer geblieben waren. Das gab riesigen Ärger. Einer der zwei schlug ein leichteres Ziel vor: die Jagd auf deutsche »Asoziale«. Aber Olafs Leute waren damit nicht einverstanden. »Wir sind hergekommen, um das Asylantenheim zu stürmen und Ausländer durch die Stadt zu jagen. Und ihr habt uns versprochen, dass ihr mit 50 Leuten auf uns wartet. Jetzt steht nur ihr beiden hier angetrunken rum, und mit euch können wir nun wirklich nichts anfangen.«

Olaf und seine Getreuen begannen, die Kameraden wüst zu beschimpfen. Sie bezeichneten sie als unfähig, Lügner und Schlampen, die nicht in der Lage sind, ihre Leute zu mobilisieren. Olaf stellte klar, dass er nicht bereit sei, mit so wenigen Leuten das Asylantenheim zu stürmen. Von der Idee, auf die

»Assis« Jagd zu machen – die deutschen Asozialen oder zumindest das, was die Rechtsextremisten als solche bezeichneten –, hielt er nichts. Olaf zog sein Handy und rief den »Boss« der beiden Ortskameraden an. Er bat um dessen Zustimmung, die beiden zusammenschlagen zu dürfen. Die Zustimmung bekam er. Also griffen Olaf und seine Kameraden an und schlugen und traten sie mit den gepanzerten, weiß geschnürten Springerstiefeln, bis die beiden am Boden lagen. Einer lag völlig regungslos da. Trotzdem holte Olaf noch einmal aus und trat mit voller Wucht gegen den Kopf des am Boden Liegenden. Der Kopf schlug heftig auf dem Natursteinboden des Bahnhofsgebäudes auf. Daraufhin stiegen die Täter in ihre Autos und verschwanden. Auf dem Weg nach Hause überkam sie die Angst: es war möglich, dass der Ortskamerad entweder gestorben war oder sterben könnte. Und der andere Kamerad kannte sie. Auch ihre Autonummern hatten wohl einige Leute gesehen. Die beiden Kameraden überlebten. Der eine kam auf die Intensivstation, lag lange Zeit im Koma, kam aber durch. Olaf und seine Mittäter wurden zu langjährigen Freiheitsstrafen verurteilt.

Zur Biographie von Olaf muss ich nicht viel sagen. Sie ist den anderen sehr ähnlich: Frühe Scheidung der Eltern, Schwierigkeiten mit Lehrern und Mitschülern, Leistungsprobleme in der Schule, sitzen geblieben, erste Lehre abgebrochen, zweite Lehre abgebrochen, keine Ausbildung abgeschlossen. Stabile Beziehungen zu Mädchen hatte er nicht, nur sporadische, kurz andauernde. Alkohol trank er reichlich. Auch Drogen konsumierte er, aber ebenfalls nur sporadisch.

Olaf hat wie die meisten rechtsextremistischen Gewalttäter eine Persönlichkeitsstörung, so wie sie bereits in diesem Buch beschrieben wurde. Er ist dissozial und emotional instabil. Er hat darüber hinaus das krankhafte Verlangen, im Mittelpunkt zu stehen, sucht Bewunderung und Anerkennung, ist leicht gekränkt, wenn er sie nicht bekommt und versucht mit allen Mitteln, solche Kränkungen zu vermeiden.

Für sein Opfer, den eigenen Kameraden, empfand er keine Empathie, und er fühlte auch keine Reue und keine Scham. Auch hierin unterschied er sich nicht von den anderen Tätern, die wir kennen gelernt haben. Menschliche Gefühle, menschliche Regungen sind eine extreme Rarität in diesen Kreisen.

Unser Befund war eindeutig: Olaf ist immer noch gefährlich. Wir empfahlen dem Gericht deshalb, eine vorzeitige Entlassung aus der Haft abzulehnen. Das Gericht folgte unserer Empfehlung.

Rechtsextremistische Gewalt und Gewalt durch Rechtsextremisten – eine künstliche Trennung

Was ist rechtsextremistische Gewalt? Rechtsextremistische Gewalt ist Hasskriminalität, heißt es oft. Dabei wird der in der amerikanischen Literatur eingeführte Begriff »Hate crime« übernommen. Als »Hate crime« wird dabei die Kriminalität bezeichnet, die mit Rassismus, Antisemitismus und den verschiedenen Formen des Terrorismus einhergeht, aber auch die, die sich gegen anders Seiende wie etwa Homosexuelle und Behinderte richtet. Ich meine allerdings, dass der Begriff »Hasskriminalität« nur einen Aspekt der Problematik abdeckt. Was ist »Hasskriminalität«? Jemand hasst seinen tyrannischen Stiefvater und äußert seinen Hass, im extremsten Fall reagiert er auch mit Gewalt. Oder jemand hasst seinen Nachbarn, drangsaliert ihn deshalb und zersticht ihm die Autoreifen. Wieder ein anderer hasst seinen Partner und macht ihm oder ihr das Leben zur Hölle und wendet dabei auch Gewalt an. Alles das ist ebenfalls »Hasskriminalität«. Aber niemand von uns denkt daran, diese Art der Kriminalität mit Rassismus, Antisemitismus oder Terrorismus in einen Topf zu werfen.

Wenn man rechtsextremistische Gewalt als Gewalt gegen Schwarze, jede Art von Ausländern, Juden, Linke oder Andersseiende definiert, gibt man eine opferorientierte Beschreibung. Aber jede kriminelle Tat und jedes Verbrechen hat einen bestimmten Hintergrund, bestimmte Voraussetzungen und bestimmte Motive. Die Tötung eines Schwarzen durch einen Weißen, die Verletzung eines Ausländers durch einen Einheimischen und die Demütigung eines Juden durch einen Nicht-Juden ist nur dann als eine rechtsextremistische, kriminelle Tat zu bezeichnen, wenn der entsprechende Hintergrund, die entsprechenden Voraussetzungen und Motive gegeben sind. Niemand wird die Tötung eines Schwarzen durch einen Weißen aus Eifersucht oder Habgier als eine rechtsextremistische Tat bezeichnen, wenn der rechtsextremistische Hintergrund fehlt.

Medien und Justiz sind bei ihren Definitionen rechtsextremistischer Gewalt in der Regel opferorientiert. Das heißt also, wenn das Opfer nicht den mehrfach genannten Gruppen angehört, wird die Gewalt, auch wenn sie von einer rechtsextremistischen Grundhaltung, Grundeinstellung, Grundpsychologie ausgeht, nicht als rechtsextremistische Gewalt wahrgenommen. Dies kann gefährlich werden! Es kann insofern gefährlich werden, als rechtsextremistische Gewalt nicht in einem leeren Raum wächst. Es ist nicht so, dass ansonsten intakte Persönlichkeiten und brave Bürger, die eine bestimmte Ideologie haben, sich unter bestimmten Umständen gezwungen sehen, zu Gewalt zu greifen. Das Gegenteil ist richtig. Bestimmte Ideen, bestimmte Gedanken, menschenverachtend und menschenhassend, benötigen den geeigneten Boden, um gedeihen zu können und dann in der Praxis umgesetzt zu werden. Ein Mensch mit einer intakten Persönlichkeit, der sich psychologisch im Gleichgewicht befindet und sich einer bestimmten sozialen Anerkennung sicher ist und eine menschenfreundliche Grundhaltung vertritt, kann weder zum »Schwarzenhasser« noch zum »Judenfresser« werden. Die Biographien, die in diesem Buch vorgestellt werden, liefern einen solchen Boden. Er ist bei allen gewalttätigen Rechtsextremisten zu finden.

Ausländerfeindlichkeit ist Menschenfeindlichkeit. Rassismus ist Misanthropie, also Menschenhass und Menschenverachtung. Menschenfeindlichkeit, Menschenhass und Menschenverachtung sind Eigenschaften, Einstellungen und Verhaltensmuster, die vor einem negativen charakterologischen, soziologischen und psychologischen Hintergrund entstehen. Ihre Richtung ist keine fokussierende, sondern eine allgemeine. Ihre Wirkung ist keine begrenzte, sondern eine breite und generelle.

Die ideologischen Mäntelchen Rechtsextremismus, Ausländerfeindlichkeit, Judenhass, Rassismus werden nur vorübergehend getragen, sind austauschbar und beliebig. Was dahinter steht, richtet sich gegen alle Menschen. Das Opfer ist mehr oder weniger zufällig.

Bei unseren Forschungen fanden wir nur *einen* Unterschied zwischen allgemeinen Gewaltkriminellen und rechtsextremistisch motivierten Kriminellen: Die Defizite in Persönlichkeit und Biographie bei den rechtsextremistischen Gewalttätern sind viel stärker ausgeprägt als bei den nicht rechtsextremistischen Kriminellen. Und *dazu* kommt der Hass. Hass ist aber nicht die alleinige Voraussetzung der rechtsextremistischen Gewalt.

Wir fanden hingegen keinen einzigen Unterschied zwischen Rechtsextremisten, deren Taten unter anderem vom Gericht offiziell als rechtsextremistisch motiviert bezeichnet wurden, und denjenigen Rechtsextremisten, die Deutschen aus nicht politischen oder rassistischen Gründen Gewalt antun.

Diese Tatsache ist für die Bekämpfung des Rechtsextremismus nicht unwichtig. Rechtsextremistische Gewalttäter stellen eine Gefahr für uns alle dar.

Die Szene, von der wir hier sprechen, ist eine kriminelle Szene. Ihre Kriminalität ist eine allgemeine Kriminalität. Sie ist ein negativer Biotop. Ein gefährlicher Soziotop.

Kriminalität ist kein monolithisches Phänomen. Sie hat viele Wurzeln, viele Ursachen: psychologische und soziologische, biologische und genetische. Milieueinflüsse, frühe Prägung in der Kindheit und vieles andere können zu Kriminalität führen und bilden den Boden, in dem die Kriminalität wurzelt. Hass, Empathielosigkeit, Menschenverachtung, Aggressivität, Brutalität werden von den genannten Wurzeln genährt und erzeugen Früchte am Baum der Gewalt. Die rechtsextremistische Kriminalität ist kein »besonderes« Bäumchen. Sie hat dieselben Wurzeln, denselben Stamm und dieselbe Krone wie der Baum der allgemeinen Kriminalität.

Die Juden sind Kirchgänger, die aus dem Islam kommen – Paul

Paul hat Milo Kornhuber getötet. Milo besaß mütterlicherseits ausländische – kroatische – Wurzeln. Er wurde aber immer als Deutscher angesehen, auch von Paul.

Paul war erst 15 Jahre alt, als er Milo tötete. Bereits damals gehörte er den rechtsextremistischen Kreisen an. Glatze, Tarnhose, geeignete T-Shirts und natürlich Springerstiefel waren sein stolzes Outfit. Paul (»der kleine Paul«, wie ich ihn gegenüber meinen Mitarbeitern voller Mitleid nannte) sah aus wie ein Kind. In seinem Babygesicht waren noch keine Anzeichen eines Bartes erkennbar. Immer wieder weinte er während unserer Gespräche. Er hatte Angst vor dem »Knast«. Und ich bin mir sicher, dass er auch einige Anzeichen von Reue zeigte, anders als die anderen.

Sein junges Leben war so hart gewesen, dass er bereits mit 15 Jahren einem Haufen Elend glich. Und trotzdem, oder wahrscheinlich deswegen, war Paul schon ein Rechtsextremist. Er gehörte zu dieser Gruppe, weil er dort endlich Freunde gefunden hatte. Paul trug die rechtsextremistischen Klamotten und die rechtsextremistischen Symbole, und das gefiel ihm sehr. Die Leute beachteten ihn – endlich. Die Leute wussten, dass er eine rechtsextremistische Meinung hatte und bereit war, diese Meinung durchzusetzen. Das zeigten ja auch die Springerstiefel und seine Tarnuniform.

»Was verstehen Sie unter einer rechtsextremistische Einstellung?«, fragte ich ihn.

»Na, das ist ganz einfach«, antwortete er dozierend. »Man kann das mit drei Sätzen umschreiben: ›Ich stehe für Deutschland‹, ›Ich kämpfe für Deutschland‹ und ›Ich werde für mein Land kämpfen‹.«

»Das ist gut«, sagte ich. »Das ist sehr gut. Aber gegen wen wollen Sie kämpfen?«

»Gegen Linksextreme und so. Gegen die Punks und Hippies.«

»Gegen die Punks?«, fragte ich. »Aber das sind auch Deutsche.«

»Für mich sind das keine Deutschen. Für mich sind die das mieseste Pack, das es gibt. Die sind Linke.«

»Was machen die Linken so Schlimmes?«

»Die wollen vom sozialen Staat leben, nicht arbeiten und dem Staat auf der Tasche liegen. Arbeit ist den Linken egal. Sie haben keine Wohnungen und möchten alles geschenkt haben.«

Der kleine Paul hörte Lieder wie »Punk is dead« von der Gruppe »Legion Ost«:

> Zugekifft und angesoffen,
> selber Gott und rote Fahnen,
> die Scheiße im Kopf und Farbe in den Haaren,
> du bist das Letzte, du machst mich krank.
> Ich hasse dich, du dreckiger Punk.
> Ich werde dich kriegen, denn Scheiße muss weg.
> Die Skinheads, da kannst du dich drauf verlassen,
> die werden nie aufhören, dich zu hassen.

Oder Lieder, wie sie die Gruppe »Fackelschein« singt:

> Hippies sind das Schlimmste der Welt,
> raubet sie aus und klaut ihnen ihr Geld.
> Hippies sind das Schlimmste der Welt,
> Hippies sind der letzte Krach,
> fangt sie ein und hängt sie auf.
> Schlitzt sie auf und brüht sie gar,
> fresst sie auf und kotzt sie raus.
> Grüne sind der letzte Dreck.

Grüne Haare sind die Scheiß Punker,
rote Haare auch.
Und dann hau'n wir auch alle mit langen Haaren,
das ist schon lange Brauch.
Schreien die Hippies dann noch nach Liebe,
denk ich nur an die schönen Kriege.
Ja, wir wollen wieder Kriege,
wir wollen die Hippies in unseren Suppentopf kriegen.
Fressen wir sie einfach auf,
zeigen unsere Macht und treten einfach drauf.
Tod den Hippies, Tod allen Hippies.
Fresst sie auf und kotzt sie raus.
Zieht ihnen die Haare raus.

Mit solchen Köstlichkeiten ernähren sich viele, viele kleine Pauls dieser Welt.

»Und was tun die Rechtsextremisten?«, fragte ich.

»Die Rechten sind stolz auf Deutschland. Sie werden um Deutschland kämpfen. Sie sind für Recht, Einigkeit und Freiheit. Und sie sind gegen Ausländer.«

»Sind Sie also auch gegen Ausländer?«

»Ja, weil die ein großes Maul haben und die Leute abziehen. Die Türken und die Kurden zum Beispiel ziehen die Kleidung, das Geld und auch die Zigaretten anderer Leute ab. Und die wollen überhaupt nicht arbeiten. Ich bin auch gegen den Sozialismus und den Multikulturellismus.«

»Langsam, langsam«, unterbrach ich Paul. »Ich möchte alles verstehen. Zuerst erklären Sie mir, was Sie unter ›Multikulturellismus‹ verstehen.«

»Ich bin gegen Multikulturellismus. Das heißt, ich bin gegen die Ausländer, die aus anderen Ländern nach Deutschland kommen. Ausländer sollen raus hier. Deutschland soll nicht mehr multikulturell sein. Die Deutschen sollen hier allein leben.«

»Also die Deutschen ganz allein. Und wie würden Sie das anstellen?«

»Es gibt viele Möglichkeiten. Aber ich denke, wenn der Bundeskanzler ein Schreiben an die Ausländer schickt, in dem steht, sie hätten das Land innerhalb weniger Stunden zu verlassen, dann müssen sie das auch tun. Was sollten die dagegen tun können?«

Ein »Ach ja?« kam mir über die Lippen.

»Sie sagten, Sie sind auch gegen Sozialismus. Was meinen Sie damit?«, fuhr ich fort mit meiner Befragung.

»Ich bin gegen die Arbeitslosigkeit. Sozialismus soll abgeschafft werden, damit jeder Mensch Arbeit hat. Acht Millionen Menschen in Deutschland sind arbeitslos. Deshalb muss man den Sozialismus abschaffen.«

»Wir haben vier Millionen arbeitslose Menschen, was natürlich viel zu viel ist. Aber davon, dass wir acht Millionen Arbeitslose haben, höre ich heute das erste Mal. Und der Sozialismus wurde bereits abgeschafft, die Arbeitslosigkeit aber nicht. Was bedeutet denn Sozialismus Ihrer Meinung nach?«

»Sozialismus bedeutet Arbeitslosigkeit. Weil Sozialisten die Leute sind, die nicht arbeiten gehen wollen. Jeder Mensch kann arbeiten, wenn er nur will.«

Paul erzählte mir, dass er sehr gern »rechtsextremistische« Musik hört. Natürlich geht es bei dieser Musik gegen Ausländer, gegen Juden. Die Inhalte sind bekannt.

»Viele Lieder, die Sie so gern hören und mitsingen«, sagte ich, »sind gegen die Juden gerichtet. Was ist damit?«

Paul erzählte mir so wirres Zeug über die Juden, dass ich überhaupt nicht verstand, was er mir da zu erklären versuchte. Und aus diesem Grund bat ich ihn, noch einmal alles für mich zusammenzufassen. Er erklärte dozierend, wobei sein Babygesicht die professorale Würde vergeblich zu mimen versuchte, Folgendes:

»Mit den Juden ist das so: Als Hitler an die Macht gekommen

ist, hat der nicht mehr gewollt, dass die Kirche einen Teil der Ernte der Bauern bekommt. Das wollte er abschaffen. Die Kirchen haben sich aber dagegen gewehrt. Die Kirchgänger sind die so genannten Juden. Die Juden kommen vom Glauben her aber aus dem Islam. Die sind einfach die Leute, die nur Geschäfte machen. Hitler hat die Juden an die Wand gestellt, ihnen den Kopfschuss gegeben, sie vergast und so. Die Juden, die aber nicht sterben wollten und mit den Deutschen zusammenarbeiten wollten, hatten es gut. Hitler kam es gelegen, weil er die für den Krieg brauchte. Diesen Juden haben die Soldaten mehr zu essen gegeben. Dafür aber mussten sie ihresgleichen, also andere Juden, töten. Aber auch diese Juden, die während des Krieges andere Juden töteten, haben sich am Ende des Krieges selbst umgebracht.«

»Entschuldigen Sie«, unterbrach ich Paul, »das ist alles neu für mich. Ich muss das alles erst einmal verdauen. Aber um es richtig zu verstehen, erklären Sie mir bitte den Zusammenhang zwischen Juden, Kirche und Islam. Das habe ich nicht verstanden.«

»Kann ich nicht ganz. Ich bin ja nicht allwissend. Das, was ich weiß, sage ich auch. Wie die Juden aus dem Islam kommen, weiß ich nicht genau. Aber ich glaube, dass es einen jüdischen Islam gibt. Mehr weiß ich aber nicht. Dieser jüdische Islam hat sich dann über Europa verbreitet, bis runter zur Türkei.«

»Armer, armer Paul«, dachte ich bei mir, während ich schweigend sein Gesicht betrachtete. Sein Babygesicht, das keine Anzeichen von aufgesetzter Souveränität mehr hatte. Mein Blick verunsicherte den Jungen sehr. Er versuchte ihm zu entgehen.

Tatsächlich war Paul ein armer Mensch. Ein armes Kind.

Die Biographie des kleinen Paul unterscheidet sich nicht wesentlich von den Biographien anderer rechtsextremistischer Gewalttäter. Aber sie unterscheidet sich in der Art, mit der Paul sie erlebte und wie er mit ihr umging: verletzt, verängstigt, verunsichert.

Paul hat seinen Vater nie kennen gelernt, weil der die Familie verließ, als Paul ein Jahr alt war. Seine Mutter hatte wechselnde

Männerbekanntschaften. Einen dieser Männer heiratete sie, ließ sich aber wenig später wieder scheiden. Der Mann war gewalttätig, verprügelte Mutter und Kind. Dann kam ein anderer Lebensgefährte in die Familie. Das Gleiche lief ab: Gewalt und Prügeleien in der Familie. Seine Mutter verdiente das Geld, der Lebensgefährte kaufte davon Alkohol. Der kleine Paul hatte große Angst vor diesem Mann. Fast täglich wurde er von ihm verprügelt, fast täglich wurde auch die Mutter von ihm geschlagen. Als sie sich auch von diesem Lebensgefährten trennte, war Paul gerade elf Jahre alt. Es kamen später zwei oder drei andere Lebensgefährten ins Haus, immer war es aber dasselbe. Die Mutter begann im Übermaß zu trinken, versuchte sich umzubringen und wurde in einer psychiatrischen Klinik behandelt. Als Paul 13 Jahre alt war, kam der vorläufig letzte Lebensgefährte ins Haus. Der brachte ein Kind mit in die Familie, das aber schwer hörgeschädigt war. Es gab wegen dieses Kindes immer wieder böses Blut. Paul wurde einmal Zeuge eines Gespräches zwischen seiner Mutter und dem neuen Lebensgefährten. Der versuchte, die Mutter zu überzeugen, Paul in ein Heim zu stecken, damit sie sich besser um seinen Sohn kümmern könne. Als dieser Mann einen Job in Niedersachsen fand und die Familie umziehen sollte, wurde es definitiv: Paul wurde zurückgelassen und in eine Pflegefamilie gegeben. Auch diese problematische Beziehung seiner Mutter endete mit einer Trennung und einem erneuten Suizidversuch der Mutter.

Mit den Pflegeeltern verstand sich der kleine Paul gut. Doch nun kamen andere Probleme. In der Schule war er inzwischen zweimal sitzen geblieben. Eigentlich hatte er keine Lust, zur Schule zu gehen; er schwänzte häufig. Pauls Hausärztin, die seine Vorgeschichte kannte, sorgte dafür, dass er in einem psychiatrischen Krankenhaus vorgestellt wurde. Eine Psychologin kümmerte sich um ihn und erkannte die schwer neurotische Problematik des Jungen. Es wurden ihm ein pädagogischer Betreuer und eine Psychologin zur Seite gestellt. Darüber hinaus wurde er in einem betreuten Wohnheim der Arbeiterwohlfahrt für psychisch traumatisierte Kinder untergebracht.

Dort lernte er Marta, ein gleichaltriges Mädchen, kennen, das sehr ähnliche Probleme wie er hatte. Marta ist offensichtlich ein überaus problematisches Kind mit sehr starken Verhaltensauffälligkeiten. Paul und Marta redeten über vieles und Paul betrachtete Marta als seine Freundin, allerdings nicht im sexuellen Sinn, wie er sagte. Marta war einfach eine Leidensgenossin.

Eines Tages erzählte sie ihm, dass sie viel mit Milo Kornhuber zusammen sei. Aber eigentlich sei der nicht in Ordnung. Der sei Alkoholiker und ein Asozialer, ein Assi. Und wenn er trinke, beleidige er ihre Eltern. Gestern sei das wieder der Fall gewesen. Marta weinte. »Der hat so viel Scheiße und Mist erzählt.« Was genau, wusste Paul nicht. Marta hatte ihm keine Details erzählt. Marta kannte ihre Eltern überhaupt nicht. Man hatte ihr offenbar gesagt, dass ihre Eltern gestorben seien, als sie noch ein kleines Kind war.

»Dieser Mistkerl ist Alkoholiker und Assi«, bemerkte Paul, der Milo Kornhuber erst seit einigen Wochen kannte. Er sah, dass der viel Alkohol trank, und wenn er etwas sagte, stand Paul ihm immer aggressiv gegenüber. »Was erzählst du Scheiß-Alkoholiker da für einen Mist?«, war Pauls Standardbemerkung. Er wusste aber nicht, das Milo Kornhuber zumindest teilweise ausländischer Abstammung war. »Der hatte ja auch keinen Akzent.«

Dieser Alkoholiker erinnerte Paul an seine Stiefväter. Und jetzt redete der so einen »Mist« über Martas Eltern. »Dieser Assi, dieser Alkoholiker.« Nachdem Marta sich über Milo beschwert hatte, reifte in Paul ein Entschluss. Während der letzten Ferien hatte er einen Dolch gekauft. Den hatten die Erzieher sofort eingezogen. Jetzt ging Paul zu einem der Erzieher und erzählte, der Dolch sei als Geschenk für seinen Großvater gedacht. Heute wolle er ihn nun besuchen und ihm den Dolch mitbringen. Er bekam ihn auch tatsächlich ausgehändigt.

Und nun ging Paul mit dem Dolch in der Hand los, um Milo

Kornhuber zu suchen. Er traf ihn in einem Fußgängertunnel. Paul lief von hinten auf ihn zu, stach ihm mit seinem Dolch in den Rücken, zog das Messer heraus und lief davon. Zurück im Wohnheim, versteckte er das Messer in seinem Schrank.

Milo Kornhuber starb unmittelbar am Tatort. Das Messer hatte seine Luftröhre durchtrennt.

Paul, verstört darüber, was er getan hatte, erzählte einem anderen Mädchen im Heim von seiner Tat. Aber ihre Fragen konnte er nicht so genau beantworten. Marta war aus irgendeinem Grund nicht im Haus. Eine Stunde nach der Tat legte sich Paul ins Bett und schlief ein.

Am nächsten Tag berichtete er auch Marta, dass er Milo Kornhuber umgebrachte hatte. Marta, nicht sehr betroffen, sagte nur: »Schade, nun hab ich niemanden mehr, den ich schlagen kann.« Sie erzählte Paul, dass sich Milo Kornhuber immer alles von ihr hatte gefallen lassen. »Was soll ich jetzt machen?«, fragte der kleine Paul seine Freundin Marta.

»Nichts. Vergiss es einfach«, antwortete sie selbstbewusst, so, als ob sie über eine lange Lebenserfahrung verfüge.

Paul war verstört. Er ließ es sich aber trotzdem nicht nehmen, am nächsten Tag mit den anderen Heimbewohnern bis 22 Uhr Halloween zu feiern. Dann kam die Kriminalpolizei und holte ihn ab.

Hätte der Junge ohne seine schweren Traumatisierungen Milo Kornhuber auch getötet? Hätte er den Mord ohne die menschenverachtende rechtsextremistische Gesinnung, die ihre Nahrung aus Liedern von Bands wie den »Landsern«, »Kraftschlag«, »Frank Rennicke« und anderen bezieht, auch begangen? Hätte er überhaupt eine menschenverachtende rechtsextremistische Gesinnung, wenn er nicht so traumatisiert wäre? Wenn er nicht zu den Verlierern und den Verlorenen, wenn er nicht zu den Schwächsten dieser Gesellschaft gehörte?

Was wollte der kleine Paul mit diesem Mord beweisen? Wem wollte er etwas mit diesem Mord beweisen?

Auf alle diese Fragen könnte man eine mehr oder weniger zutreffende Antwort geben: Nein, ohne solche Traumatisierungen hätte er es nicht getan! Nein, ohne die Traumatisierungen hätte er keine neurotische Störung entwickelt! Nein, ohne diese Störung hätte er sich nicht den Neonazis angeschlossen, hätte keine rechtsextremistische, menschenverachtende »Ideologie«! Nein, wenn er nicht mit den Hass erzeugenden Liedern der rechtsextremistischen Bands in Berührung gekommen wäre, hätte er es nicht getan! Und der Zyklus geht weiter. Aber welche ist die zentrale Antwort? Es handelt sich hier um zirkuläre oder voneinander abhängige Prozesse. Die eine Tatsache bedingt nämlich die andere.

Wir haben dem Gericht empfohlen, bei Paul eine verminderte Schuldfähigkeit aufgrund einer erheblichen Beeinträchtigung der Steuerungsfähigkeit anzuerkennen. Das begründeten wir damit, dass der vor der Tat konsumierte Alkohol – nicht viel, aber genug für einen jungen Menschen wie Paul – affektvolle Erinnerungen und affektbedingte Reaktionen verstärkte, die durch die Erzählungen von Marta aktualisiert worden waren. Pauls schwere neurotische Störung und seine schweren Traumatisierungen gaben immer wieder Anlass zu solch qualvollem Erwachen schlimmer Erinnerungen. Entweder führten sie ihn zu Suizidhandlungen, die glücklicherweise bisher alle erfolglos blieben, oder zu Menschenhass und Fremdzerstörung.

Wir empfahlen dem Gericht außerdem, eine langfristige psychiatrische Behandlung anzuordnen. Und wir äußerten die Hoffnung, dass bei erfolgreicher Behandlung und einem Angebot an Lebensperspektiven nicht nur eine Linderung seiner Traumatisierung, sondern auch eine Befreiung aus dem rechtsextremistischen Sumpf möglich würde.

Paul wurde zu einer Jugendstrafe von fünf Jahren verurteilt.

Die Ermordung von Andreas Vogel

Eine sehr kurze Episode

Andreas Vogel wurde von einer Gruppe Rechtsradikaler – Quintus, Rüdiger, Sebastian, Tim und Ulrich – ermordet. So zwischendurch. Nach einer kurzen Pause während eines Diskobesuches.

Quintus

Quintus, einer der Täter, war zu diesem Zeitpunkt 20 Jahre alt. Wie üblich fanden wir auch bei ihm zerrüttete familiäre Verhältnisse, Gewalttätigkeiten in der Familie, einen älteren dissozialen Bruder, in der Schule Probleme mit Lehrern, Mitschülern und dem Schulstoff, Hänseleien und Sitzenbleiben. Eine Lehre als Betonbauer hatte er nicht beendet. Auf sein Vorstrafenkonto gehen viele Körperverletzungen, Sachbeschädigungen, unterlassene Hilfeleistung und andere Straftaten. Viermal war er schon in Haft. Als er gemeinsam mit den anderen Tätern Andreas Vogel tötete, liefen noch drei Anzeigen gegen ihn. Er trank viel Alkohol, hatte aber noch keine Alkoholentzugssymptomatik.

Auch er ist Rechtsextremist, seit seinem 13. Lebensjahr. Gleiche Argumente, gleiche Floskeln, wie wir sie schon von den vielen anderen kennen. Nichts Neues. Nur, dass er versuchte, den psychiatrischen Gutachter hinsichtlich seiner Gesinnung zu täuschen. Aber die Täuschung war leicht zu erkennen. Er trug eine Kette um den Hals mit einem stilisierten Naziadler und bezeichnete ihn als Schmuck. Die rechtsextremistische Musik, die er hörte, bagatellisierte er. »Ich habe bis jetzt ja noch nichts dergleichen getan. Weder habe ich die Schwarzen im Klo runtergespült noch habe ich dem Juden ein Messer in den Leib gejagt.« Alles, was seine Mitangeklagten über seine Zugehörigkeit zu den hartgesottenen Rechtsextremisten aussagten, sei nur Gerede.

Rüdiger

Auch Rüdiger gehört den rechtsextremistischen Kreisen an. Er war erst 14 Jahre und damit gerade strafmündig geworden. Rüdiger antwortete hochaggressiv auf die Frage nach seiner religiösen und politischen Einstellung: »Ich weiß nicht, was rechts und was links ist.«

»Gut«, meinte ich, »sehen wir uns doch mal Ihre Akte an. Was sagen Sie zu den Symbolen und Zeichen, die bei Ihnen beschlagnahmt wurden?« Und ich zeigte ihm in seinen Gerichtsakten Fotos von Hakenkreuzen, Ku-Klux-Klan-Aufschriften und -Symbole und vieles andere.

»Das habe ich alles von Sebastian.«

»Hier steht ›Heil Hitler‹. Wer ist Hitler?«, fragte ich.

»Das ist der Führer. Der ist am 20. April 1889 in Österreich geboren und am 30. April 1945 gestorben. Er war der Führer der deutschen Nation und hat viele Länder eingenommen.«

»Er hat also Krieg geführt?«

»Ja, aber den Krieg hat Churchill aus England angefangen. Der hat ja Dresden bombardiert.«

»Dresden wurde erst kurz vor Ende des Krieges bombardiert«, merkte ich an. »Das kann also nicht die Ursache des Krieges gewesen sein.«

»Ja, aber ich weiß, dass Churchill den Krieg angefangen hat. Ich weiß nicht genau wo. Irgendwo anders vielleicht.«

Rüdiger erzählte mir, dass Hitler die Juden verjagt und eingesperrt habe, aber die seien dann von den Alliierten befreit worden.

Natürlich: die »Sechs-Millionen-Lüge«, wie die »Noten des Hasses« gesungen haben.

> Das ist die Ausgeburt der Hölle,
> Teufel in Menschengestalt.
> Das ist die Ausgeburt der Hölle,
> mit ihrem Märchen von Auschwitz-Buchenwald.
>
> Und die Geschichte wird sich wiederholen
> und diesmal so, wie ihr sie uns falsch erzählt,
> und so haben heute sechs Millionen
> ihr eigenes Schicksal schon selber gewählt.

Rüdiger will einmal nach Spanien fahren, denn es kam ihm zu Ohren, dass es da viele Rechtsextremisten gebe. Und mit denen könnte er zusammen feiern. Auch hat er gehört, dass es in Skandinavien viele Rechtsextremisten gibt. Auch dort würde er gern hinfahren, aber leider weiß er nicht genau, wo Skandinavien oder Spanien liegen. Nein, andere Fragen wollte er nicht beantworten. Wenn er über Ausländer und Juden spreche, dann sehe das vor Gericht nicht so gut aus für ihn. Nur über die Tat wolle er sprechen. Und zwar wolle er noch einmal betonen, dass er nichts mit dem Tod von Andreas Vogel zu tun habe.

Rüdiger kommt wie all die anderen auch aus prekären familiären Verhältnissen. Und auch er hat Verhaltensauffälligkeiten. Die Schule hat er lange Zeit geschwänzt. Ganze zwei Jahre ging er nicht hin. Und er berichtete darüber fast mit Stolz. Respektlos sprach er über die Bemühungen seiner Mutter, ihn zu bewegen, wieder die Schule zu besuchen.

Dieser Jugendliche, fast noch ein Kind, bereitete mir Sorgen. Was sollte aus ihm werden? Soviel Empathielosigkeit, so wenig Fähigkeit zu einer Selbstbesinnung, in der auch die eigene Verantwortlichkeit realisiert wird, so wenig Bereitschaft, Scham zu entwickeln, soviel Aggressivität, so viel Kaltblütigkeit und so viele unbewältigte Konflikte und Probleme! Rüdiger, denke ich, ist sehr gefährdet; das Gefängnis könnte seine einzige Zukunft sein.

Sebastian

Sebastian, zum Tatzeitpunkt 17 Jahre alt, ist ebenfalls rechtsextremistisch gesinnt. Er versuchte, sowohl bei der Exploration als auch während der Gerichtsverhandlungen seine Zugehörigkeit zu den rechtsextremistischen Kreisen zu bagatellisieren, obwohl seine Mittäter ihm eine äußerst aktive Rolle bescheinigten. Ja, es stimme, dass er mit Rechtsextremisten verkehre, aber das habe wenig zu bedeuten. Es stimme auch, dass er »rechtsextremistische Musik« höre und solche Tonträger besitze, aber das habe wenig zu bedeuten. Ja, ja, es sei auch wahr, dass seine CDs unter anderem auch Lieder gegen Juden, Ausländer, »das Afrikalied« und anderes beinhalten. Es stimme auch, dass er bei Demonstrationen schreit: »Ausländer raus«, aber das tue er nur, weil die »Neger« Drogen an Jugendliche verkaufen. Hitler wollte bloß ein »weißes Europa« erreichen. Er, Sebastian, gehöre deshalb zu den Rechtsextremisten, weil »das alle tun und man sich sonst ausgeschlossen fühlt«. Es stimme auch, dass seine Mitangeklagten alle der rechtsextremistischen Szene angehören und dass sein bester Freund, Rüdiger, ein »eingefleischter Neonazi« sei. Auch sei es richtig, dass manche aus der rechtsextremistischen Szene wegen verschiedener Straftaten in Gefängnissen sitzen, aber er wolle trotzdem dazugehören. Sonst wäre er ein Außenseiter.

Auch Sebastian wuchs in einer so genannten »Broken-home-Situation« auf, die durch den frühen Tod seiner Mutter bei einem Autounfall entstand. In der Schule hatte er allerdings kaum Schwierigkeiten, und bei seiner Inhaftierung hatte er gerade eine Lehre begonnen. Unsere Untersuchungen, aber auch Sebastians

Aussagen vor Gericht zeigten eindeutig, dass er aus Zugehörigkeitsbedürfnis in die rechtsextremistische Szene hineingeriet. Eben, weil auch alle anderen in seiner Umgebung der rechtsextremistischen Szene angehörten. Aber er hatte keine ausgeprägte Hassideologie und keine gefestigte Neonazieinstellung. Es zeigte sich, dass Sebastian ein typisches Beispiel für den Einfluss ist, den die Umgebung ausüben kann. Hier spielt vor allem der Mangel an Alternativen, aber auch der Mangel an Initiative der verantwortlichen Umgebung – etwa der Schule, der Eltern oder anderer Bezugspersonen – eine Rolle. Schon bei der Exploration zeigte sich, dass Sebastian ernsthaft bereit ist, der menschenverachtenden Gesinnung abzuschwören. Dafür benötigte er aber eine gute Führung. Eine gute Führung hätte die Zugehörigkeit zu den genannten Kreisen und die Bindung an Menschen mit krimineller Tatbereitschaft verhindert und ihn vor der Kriminalität bewahrt.

Tim

Auch Tim gehört der rechtsextremistischen Szene an. Auch er hat auf der Straße »Ausländer raus« gegrölt, hörte rechtsextremistische Musik mit gewaltverherrlichenden Texten und nahm an Versammlungen teil, die Hitler und das Dritte Reich glorifizierten. Wie schon die vielen anderen Rechtsextremisten kommt auch Tim aus ungeordneten familiären Verhältnissen. Er hat keine Erinnerung an seinen leiblichen Vater, eine Halbschwester stammt von einem anderen Vater, eine Berufsausbildung hat er nicht abgeschlossen, er trinkt viel Alkohol, hat Diebstähle und Einbrüche begangen. Tim war zum Tatzeitpunkt 20 Jahre alt.

Ulrich

Ulrich war mit 23 Jahren der älteste der fünf Angeklagten. Er wollte über seine politische Einstellung nicht sprechen. Alles könnte ja vor Gericht gegen ihn verwendet werden. Die Rechtsextremisten seien einfach seine Freunde. Ihr Gedankengut findet er ansprechend. Nicht gut finde er, dass Ausländer hier arbeiten können und Deutsche »auf der Straße hängen«. Es stimme schon, dass die Konsequenz daraus nur sein könne: »Ausländer raus.« Aber mehr wolle er nicht sagen, denn er wisse ja gar nichts über Hitler, über Konzentrationslager, über den Zweiten Weltkrieg, über die SS-Symbole, die er immer bei seinen Freunden sehe. Davon habe er keine Ahnung.

Auch Ulrich kommt aus einer zerrütteten Familie. Der Vater war dissozial. Zu seinem jüngeren Bruder, der einen anderen Vater hat, hat er gute Beziehungen. Auch der gehört den rechtsextremistischen Kreisen an. Er hat die Realschule mit der Gesamtnote Drei beendet, aber seine Lehre hat er abgebrochen. Stattdessen erledigt er nun Tätigkeiten als Hilfsarbeiter.

Diese Gruppe, Quintus, Rüdiger, Sebastian, Tim und Ulrich, beging einen Mord. Die fünf amüsierten sich in dieser Nacht in einer Diskothek. Inzwischen war es vier Uhr morgens geworden. Quintus beobachtete intensiv einen anderen Gast – er hieß Andreas Vogel. Er hatte ziemlich viel getrunken und war schon etwas unsicher auf den Beinen. Quintus scharte die Gruppe um sich und sagte: »Der Typ da, der hat viel Geld. Ich weiß, dass der immer viel Geld in seiner Hosentasche hat. Das müssen wir uns holen. Der Typ ist eine leichte Beute. Ich habe gesehen, wie viel der getrunken hat.«

Kurz darauf verließ Andreas Vogel die Diskothek. Er wollte nach Hause. Die Gruppe folgte ihm. Sie beobachteten ihn, und als er um die Ecke bog und nicht mehr von der Disko aus zu sehen war, rannten sie ihm hinterher. Sie schlugen ihn mit den

Fäusten und traten auf ihn ein. Andreas Vogel fiel, von einem Schlag heftig getroffen, bewusstlos zu Boden. Einer der fünf durchsuchte ihn, fand aber kein Geld. Nur einen Schlüsselbund hatte der Mann in der Tasche. Einer der Täter warf den Schlüssel weg so weit er konnte. Die Gruppe war wütend, weil bei Andreas keine Beute zu finden war. Aus diesem Grund traten ein paar von ihnen noch mehrmals auf den Bewusstlosen ein. Anschließend gingen sie zurück in die Disko, wo sie weiter tranken, tanzten und sich mit Mädels amüsierten, als sei nichts geschehen. Sie blieben noch eine bis zwei Stunden, dann gingen sie nach Hause und legten sich schlafen. Keiner der fünf Täter kam auf die Idee, nachzusehen, wie es ihrem Opfer ging.

Andreas Vogel wurde erst fünf Stunden später von Passanten gefunden. Er war bewusstlos und unterkühlt. Wenige Stunden später starb er im Krankenhaus. Er starb an Kopfverletzungen, schweren Verletzungen mehrerer Bauchorgane, zerrissener Leber und Bauchspeicheldrüse.

Die Banalität des Bösen, so einfach während einer kurzen Pause zwischen Tanzen und Trinken. Ein Unbekannter wird getötet, nur, um ihm ein paar Geldscheine abzunehmen. Geld, das er nicht einmal hatte.

Das Opfer: zufällig.

Die Täter: »Die Eiserne Jugend, die neue Elite, Helden der Zeit«, wie sie mit »Foierstoß« mitsingen.

Quintus wurde zu einer Jugendstrafe von sieben Jahren verurteilt. Rüdiger erhielt eine Jugendstrafe von fünf Jahren und Tim eine von vier Jahren. Sebastian wurde vom Gericht zu einer Jugendstrafe von zwei Jahren und sechs Monaten und Ulrich zu zwei Jahren und zehn Monaten Freiheitsstrafe verurteilt.

Ins Wachkoma versetzt – die Täter Victor und Wolfgang

Auch Victor, 18 Jahre alt, und Wolfgang, 19 Jahre alt, sind stadtbekannte Rechtsextremisten. Beide versuchten aber, ihre rechtsextremistischen Einstellungen herunterzuspielen bzw. keine Auskunft darüber zu geben. Sie wollten nicht abgestempelt werden und auch nicht vor Gericht darüber aussagen müssen. »Schließlich geht es ja nicht um einen Ausländer.«

Nein, eigentlich nicht. Die Opfer sind zwei junge Deutsche.

Auch diese Geschichte ist schnell erzählt. Unsere beiden Rechtsextremisten wollten nachts mit der Straßenbahn nach Hause fahren. Auf einer Sitzreihe saß eine türkische Familie, zwei junge Eheleute mit einem kleinen Kind. Victor begann, die junge Familie zu beleidigen. Er imitierte sie, indem er in gebrochenem Deutsch mit ausländischem Akzent sprach, und provozierte sie mit irgendwelchen Sprüchen. Das Ehepaar bekam Angst. Es versuchte, nicht zu reagieren. Zwei andere junge Männer aber reagierten. Sie beschimpften die beiden »Glatzen«. Einer der beiden, ein Herr Braun, war mir schon vorher bekannt. Er war in der Universitätsklinik wegen einer Manie behandelt und erst vor wenigen Tagen entlassen worden. Sein Zustand hatte sich zwar gebessert, doch hatte er noch einige so genannte hypomanische Züge. Das heißt, er war euphorisch, hyperaktiv und betont selbstbewusst, das alles etwas übermäßig. Nicht so sehr, dass er eine weitere stationäre Behandlung gebraucht hätte, aber er war auch noch nicht ganz gesund. Herr Braun war gemeinsam mit einem Freund, Herrn Olpe, gerade aus einer Gaststätte gekommen. Es kam zu einer Rangelei zwischen den beiden »Glatzen« und den beiden anderen jungen

Männern. Andere Fahrgäste gingen dazwischen, und die Sache schien erledigt.

Aber das war sie nicht ganz. Die beiden »Glatzen« stiegen zuerst an der Endhaltestelle aus. Sie warteten, bis Herr Braun und Herr Olpe ebenfalls aus der Straßenbahn stiegen und empfingen sie mit Faustschlägen. Die beiden wurden so stark getroffen, dass sie zu Boden gingen. Benommen lagen sie da, während die beiden »Glatzen« auf die andere Straßenseite liefen. Als sie zurückschauten und sahen, dass die beiden Männer noch immer am Boden lagen, entschlossen sie sich, wieder zurückzukehren und begannen, auf die am Boden liegenden Opfer einzutreten. Vor allem hatten sie es auf deren Gesichter und Köpfe abgesehen. Schließlich liefen sie davon, wurden aber kurz darauf gefasst.

Als sechs Monate später der Prozess gegen die beiden »Glatzen« stattfand, war Herr Braun noch immer nicht aus seinem Koma erwacht. Bei Beendigung dieses Manuskriptes, drei Jahre nach dem Geschehen, lag Herr Braun noch immer im Wachkoma, eine besonders schwere Form des Komas. Der Patient liegt in solchen Fällen wach im Bett, kann aber nicht mit seiner Umgebung kommunizieren. Manche Patienten, bei denen das so genannte »Locked-in-Syndrom« (eine furchtbare Form des Wachkomas) vorhanden ist, nehmen alles wahr, was in ihrer Umgebung passiert, können aber nicht reagieren. Nicht einmal mit den Augen. Bei anderen Formen des Wachkomas ist man nicht sicher, ob solche Patienten ihre Umgebung wahrnehmen. In der Regel dauert dieses Wachkoma das ganze Leben an.

Herr Olpe wurde zwar ebenfalls schwer verletzt, bei ihm ging das Ganze aber glimpflicher aus. Er hat sich inzwischen weitgehend von seinen Verletzungen erholt. Zumindest körperlich. Aber er litt noch drei Jahre nach dem Vorfall unter einem schweren so genannten »posttraumatischen Stresssyndrom« mit Schlafstörungen, Albträumen und schlimmen Ängsten. Er kann kaum noch allein auf die Straße gehen und schließt sich aus Angst zu Hause ein. Seinen Job hat er deshalb verloren. Außerdem macht er sich irrationale Vorwürfe wegen seines Freundes. Er grübelt noch immer, ob er in irgendeiner Form Schuld an diesem Koma haben könnte.

Victor wurde zu einer Jugendstrafe von neun Jahren und Wolfgang zu einer Jugendstrafe von sieben Jahren verurteilt.

Die beiden rechtsextremistischen Täter haben ähnliche Vorgeschichten und ähnliche Biographien wie alle anderen. Beide sind dissozial und lebten von der Sozialhilfe dieses Staates, wie die meisten anderen. Von der Sozialhilfe des Staates, den sie verändern oder abschaffen wollen. Und den sie von Sozialhilfeempfängern »befreien« wollen.

Ich fragte Victor: »Was war der Grund, die türkische Familie zu beleidigen?«

»Der Mann hat mich so blöd angekuckt«, antwortete er.

»Was verstehen Sie unter ›blöd angekuckt‹?«

»Wie soll ich das beschreiben? Einfach blöd angekuckt.«

»Hat der Mann etwas zu Ihnen gesagt?«

»Nein.«

»Also nur blöd angekuckt?«

»Ja, nur blöd angekuckt.«

»Wie kuckt man denn jemanden blöd an?«

»Das kann ich Ihnen nicht erklären.«

Damit hat sich Victor genau so verhalten, wie er es aus seiner geistigen Nahrung bezogen hat. Genau nach Anweisung:

> Siehst du einen Türken in einer Straßenbahn,
> schaut der dich irgendwie provozierend an,
> dann stehst du einfach auf,
> du ziehst dein Messer
> und stichst vierzehnmal hinein ...

Das singt die Gruppe »Standarten« auf der CD »Deutschland den Deutschen«.

Droge Musik

Von Liedermachern und Giftmischern

»Musik« kommt von »Muse«. Die Musen waren in der griechischen Mythologie göttliche Geschöpfe, die die Menschen zu schönen Künsten inspirierten, ihre Herzen für die Kunst empfänglich machten und sie dadurch adelten. In früheren Jahrhunderten bezeichnete das Wort »Musik« alles, was von den Musen kam. Also jede schöne Kunst. Nicht nur die Musik im heutigen Sinne, sondern auch das Theater, den Tanz, die Poesie, die Malerei, die Bildhauerei. »Musik« zu machen war für die Griechen das Höchste. Sokrates, der nach dem Spruch des Orakels von Delphi »der weiseste aller Menschen« war, betrachtete das Erschaffen und die Pflege der Kunst – die »Musik« – als höchste Aufgabe des menschlichen Geistes.

Es ist kein Zufall, dass das Wort »Musik« immer stärker und später ausschließlich mit der Form der Kunst in Verbindung gebracht worden ist, die heute auch diesen Namen trägt. Wahrscheinlich, weil diese Form der Kunst so kraftvoll, so motivierend, so prägend ist, dass sie ganz in die Psyche des Menschen eindringt.

Musik als Gabe der göttlichen Musen. Und ihr oberster Gott war Apollon, der auch der Gott des Lichtes war. Der Gott, der das Erbarmen und die Scham als Unterscheidungsmerkmal zwischen Mensch und Bestie hervorhob.

Es ist tragisch, dass gerade die Musik häufig – verknüpft mit der Poesie, der Sprache – von manchen Gruppen zu manchen Zwecken zu einer tödlichen Waffe umgewandelt wird. Ein weiterer Beweis dafür, dass der Mensch in der Lage ist, aus allem Guten Böses und aus allem Schönen Unschönes zu machen. Kriegsführer und totalitäre Systeme, fanatische Gruppierungen –

gesellschaftliche, politische und religiöse – mobilisieren ihre Anhänger durch Musik. Und so kann die Gabe der Musen zum Gift für Herz und Hirn werden. Die Lyra des Apollon wird in den Händen der Terroristen zum tödlichen Instrument.

Die Musik zu Diensten der Intoleranz. Es ist Heiner Geißler zuzustimmen, wenn er in seinem bemerkenswerten Buch »Intoleranz – Vom Unglück unserer Zeit« feststellt, dass »tatsächlich keine Kunst das große Pathos, die grandiose Apotheose, den echten Horror und die verzerrende Groteske so unmittelbar und nachhaltig wirken lässt wie die Musik. Das ist der Grund, warum sie seit dem Altertum bis zur Neuzeit auch in den Dienst der Intoleranz genommen wurde.«

Allerdings glaube ich aufgrund meiner Beschäftigung mit rechtsextremistischen Gewalttätern nicht, dass die rechtsextremistische Musik *die* Einstiegsdroge in der Szene schlechthin ist, wie manche meinen. Sie ist eine Droge, wie ich noch darstellen werde, aber nicht *die* Einstiegsdroge. Das wäre allzu einfach. Es sind viele Faktoren, psychologische und soziologische, die dabei zusammenspielen. Die rechtsextremistische Musik ist eine der vielen möglichen Verführungen in den rechtsextremistischen Sumpf. Allerdings kann sie zu einer der treibenden Kräfte werden, die junge Menschen dazu bringen, dass sie töten, demütigen, verbrennen und vergewaltigen. Sie kann wirken wie eine Droge.

»Wie wirkt die rechtsextremistische Musik?«, fragte ich einen der Mörder von Herrn Otto.

»Die macht aggressiv, würde ich sagen. Vor allem im Zusammenhang mit Alkohol«, antwortete er.

Was der junge, undifferenzierte rechtsextremistische Gewalttäter als Aggressivität bezeichnete, ist in der psychiatrisch-psychologischen Terminologie als ein viel komplexeres Phänomen zu verstehen: Aggressivität plus Hass plus Illusion von Überlegenheit und Stärke plus Identifikation mit dem Handelnden im Lied plus vermeintlich »hohe Ideale«. Diese Addition ergibt als Summe: Legitimation – eine illegitime Legitimation zu tun, was die Lieder propagieren.

Die rechtsextremistische Musik in ihrer menschenverachtenden, menschenvernichtenden Wirkung ist kaum vorstellbar ohne die hasserfüllten Texte. Und so entsteht eine tödliche Mischung von zum Pathos animierender Musik und zu Taten auffordernden Texten. Das Konsumieren dieser gefährlichen Mischung hat die Funktion, dass die Schwelle zu gewalttätigem Verhalten immer niedriger und niedriger wird. Und irgendwann verschwindet. Tür und Tor stehen dann offen für den Blutrausch. Einen Blutrausch, wie ihn unter anderem die rechtsextremistische Band »Volkszorn« propagiert:

Stiefel gegen Fresse knallen,
Stiefel gegen Leiber knallen,
Blut, das auf die Straße spritzt,
Bilder, die man nie vergisst.

Genauso verhielten sich die Täter, die wir in diesem Buch kennen gelernt haben.

Die rechtsextremistische Band »Kraftschlag« gibt den Skinheads sogar Handlungsanweisungen gegen die Punks:

Sein Kiefer zersplittert durch die Boots-Stahlkappe,
Jetzt noch 'nen Eiertritt und dann liegt er auf der Matte,
er blutet aus dem Schädel und bewegt sich noch,
da tret ich nochmal rein mit meinem 14-Loch,
mit meinem 14-Loch immer auf den Kopf,
Skinhead. Skinhead.

Fast zwei Tage lang ertönte solche Musik von den »Landsern«, »Kraftschlag«, »Sturmwehr«, »Zillertaler Türkenjägern«, »Gestapo« und anderen, während Xander, Yannic und Zoran Herrn Weiland, dessen Geschichte ich anschließend erzählen werde, folterten und töteten. Die Musik und die Lieder nährten die psychischen und charakterologischen Defizite, die dissozialen Verhaltensmuster, die Kompensationen für ein »beschissenes Leben« – wie es einer der Mörder selbst bezeichnete. Genauso, wie es Drogen und Alkohol tun.

Es gibt noch zwei weitere Faktoren, die die aufputschende Wirkung der rechtsextremistischen Musik (vor allem der Texte) verstärken:

Erstens: Rechtsextremistische Gewalttäter sind Menschen mit einem sehr eingeschränkten intellektuellen, sozialen und Wissenshorizont. Sie sind in der Regel Menschen, in denen sich traumatische Erlebnisse, erlebte Defizite, Minderwertigkeitsgefühle und Undifferenziertheit vereinen. Diese Mischung macht sie zu einem Schwamm, der das Gift aufsaugt.

Zweitens: Musik verbindet. Musik schafft Gemeinschaft. Eine Gruppe von Menschen hört das Gleiche, singt das Gleiche, wird vom Gleichen angesprochen, vom Gleichen animiert und inspiriert. Den rechtsextremistischen Gewalttätern, die die Gruppe suchen, um durch vermeintliche Nestwärme die Kälte ihres Lebens zu beseitigen und um durch vermeintliche Ersatzfamilien ihre zerstörten Familien zu ersetzen, bieten die gemeinsame Musik und die gemeinsamen Lieder ein hohes gruppenbindendes Potenzial. Diese Gruppendynamik ist bei den rechtsextremistischen Gewalttätern, unabhängig von Motiven und unabhängig von Opfern, eines der wichtigsten Begleitphänomene. Rechtsextremistische Gewalttäter, das sei noch einmal betont, handeln unabhängig von Opfern und Motiven gemeinsam, als Gruppe. Nur selten, sehr selten agieren sie als Einzelperson.

Rechtsextremistische Lieder dieser Art können auch die Vorstellung erzeugen, zu den »Wissenden«, den »Mitwissenden« oder gar den »Verschwörern« zu gehören. Viele dieser Lieder sind, um sich der strafrechtlichen Verfolgung zu entziehen, verklausuliert und trotzdem leicht zu durchschauen, auch von sehr einfachen Gemütern. Aber gerade bei denen werden die Emotionen, die ich erwähnt habe, stärker angesprochen: Endlich wird der »Unwissende« zum »Wissenden«. Die Gruppendynamik und die Illusionen werden dadurch verstärkt.

Abgesehen davon, dass Lieder dieser Art die tiefe Gestörtheit ihrer Schöpfer und ihrer Konsumenten deutlich machen, müssen sie bekämpft werden. Nicht nur mit der selbstverständlichen Ekelreaktion und nicht nur mit der selbstverständlichen Verachtung. Sie dürfen in ihrer Dynamik und in ihrer die Kriminalität vorbereitenden und erleichternden Rolle nicht unterschätzt werden. Die rechtsradikalen Liedermacher und Bands sind Mittäter. Unabhängig vom Opfer. Unabhängig von den Umständen.

Eine Band, die »Landser«, hat das für sich selbst fast richtig erkannt. Sie bezeichnen sich selbst als »Terroristen mit E-Gitarre«. Noch besser hätten sie es natürlich ausgedrückt, wenn sie sich »schwer Kriminelle mit E-Gitarre« genannt hätten. Es war richtig, dass die Justiz diese Selbsterkenntnis bestätigte. Mit Gerichtsbeschluss vom 22. Dezember 2003 wurde sie als terroristische Vereinigung verboten. Dieses Urteil gibt Anlass zu hoffen, dass durch viele solcher Urteile den Giftmischern einige der Kelche aus der Hand genommen werden.

Xander, Yannic und Zoran
Die Musik, die Folter und der Tod

Drei dicke rote Akten landeten auf meinem Schreibtisch. Ein Gutachtenauftrag der Staatsanwaltschaft. Schon wieder handelte es sich um einen Mordfall. Die Täter waren drei junge Männer: Ich nenne sie Xander, Yannic und Zoran. Ich habe alle drei im Jugendgefängnis besucht, wo ich zahlreiche lange Gespräche mit ihnen führte. Für einen von ihnen, Zoran, habe ich mich eingesetzt, sodass er bis zu seiner Verurteilung in eine andere Institution verlegt wurde, um nicht im Gefängnis bleiben zu müssen.

Als Ersten besuchte ich Xander, den Anführer der drei. Er war zum Tatzeitpunkt 18 Jahre alt. Xander ist ein kleiner, muskulöser, kahl geschorener junger Mann. Was an ihm sofort auffällt, ist seine Nervosität, seine hohe Unsicherheit und Ängstlichkeit. Während unserer Gespräche atmete er schnell und schwer durch die Nase, seine Gesichtsmuskulatur war in ständiger Bewegung, und er wusste nicht, was er mit seinen Händen anfangen sollte. Zu Beginn unserer Gespräche dachte ich, er hätte ein hyperkinetisches Syndrom. Ein so genanntes ADHS-Syndrom (Aufmerksamkeitsdefizits- und Hyperaktivitätssyndrom), aber die weiteren Untersuchungen bestätigten diesen Anfangsverdacht nicht. Seine Ängstlichkeit und Nervosität waren situationsbedingt. Die enorme Unsicherheit und die Minderwertigkeitsgefühle dagegen begleiteten ihn ständig. Auch sonst hatte seine Persönlichkeit viele Defizite. Ich möchte hier nur die wichtigsten Merkmale zusammenfassen: Dickfelliges Unbeteiligtsein gegenüber den Gefühlen anderer Menschen, das heißt, dass seine Empathiefähigkeit, also die Fähigkeit, sich in die Gefühle anderer Menschen hineinzuversetzen und Mitgefühle zu entwickeln, sehr eingeschränkt war. Auch wies er eine starke Tendenz zur Unverantwortlichkeit und Missachtung sozialer Regeln und Verpflichtungen und kaum Fähigkeiten zur Beibehaltung langfristiger Beziehungen auf. Höchst auffällig waren seine hohe Aggressivitätsbereitschaft und andauernde Reizbarkeit. Xander besaß kaum die Neigung, in sich zu gehen, eigene Verantwortlichkeit und eigene Schuld zu erkennen. Auch seine Schambereitschaft ist sehr unterentwickelt. Darunter ist der Zustand von negativen Gefühlen zu verstehen, mit dem Menschen generell nach einer begangenen schlechten Tat oder unterlassenen guten Tat reagieren, etwa mit depressiver Verstimmung, mit Verzweiflung und ähnlichen negativen Reaktionen. Darüber hinaus hat Xander die Neigung zu Ausbrüchen von Ärger und Zorn, also zu einem gewalttätigen und explosiven Verhalten. Seine Stimmung war wechselnd und launisch. Er reagierte ohne Rücksicht auf andere und ohne Rücksicht auf die Konsequenzen. Es war für uns sehr leicht, die Diagnose einer so genannten »kombinierten Persönlichkeitsstörung« zu stellen. Als eine »kombinierte Persönlichkeitsstörung« wird diejenige Störung bezeichnet, die aus den Merkmalen von zwei oder mehr eigenständigen Persönlichkeitsstörungen besteht. Bei ihm fanden wir eine Kombination aus einer »dissozialen« und einer »impulsiven Persönlichkeitsstörung«.

Xander hat eine sehr problematische und schwere Biographie, trotz seines Jugendalters. Er hat einen IQ von 76, also ein unterdurchschnittliches Intelligenzniveau. Zuerst möchte ich aber noch kurz seine beiden Mittäter vorstellen und über den Mord, den sie begangen haben, berichten. Anschließend werde ich mehr über die Biographien und die »Ideologien« aller drei Täter berichten.

Der 18-jährige Yannic zeigte auf den ersten Blick keine besonderen Auffälligkeiten. Er ist ein durchschnittlicher junger Mann, wie man ihn überall auf der Straße sieht. Im Gespräch fielen aber seine Zurückhaltung, eine große Unsicherheit und Ängstlichkeit auf. So, wie auch bei Xander. Allerdings zeigte er seine Unsicherheiten und Ängste weniger durch körperliche Reaktionen. Vielmehr waren sie an seinen stotternden, leisen Antworten und dem unsicheren Blick zu erkennen. Nicht nur die Persönlichkeit, sondern auch seine Biographie hat viele Ähnlichkeiten mit der von Xander, worauf ich später noch eingehen werde. Yannic hat einen IQ von 86, was im unteren Durchschnittsbereich liegt.

Ganz anders hingegen verhält es sich mit Zoran. Er ist ein hoch gewachsener, schlanker, fast magerer junger Mann von 16 Jahren. Bereits bei unserer ersten Begegnung im Jugendgefängnis ähnelte er einem Häufchen Elend. Er war nicht in der Lage, einen Satz zu artikulieren. Nachdem er ein paar Worte mit mir gewechselt hatte, geriet er in einen Zustand des »Nicht-sprechen-Könnens«, was man in der Psychiatrie als Mutismus bezeichnet. Der Verdacht, dass dieser Mutismus auf eine Psychose zurückzuführen sein könnte, was häufig der Fall ist, bestätigte sich nicht. Das Problem hatte vielmehr mit seiner Persönlichkeit, mit seiner Art, Konflikte zu bewältigen und auf belastende Reaktionen zu reagieren, zu tun. Ich setzte mich wegen seines Zustandes beim Gericht und der Staatsanwaltschaft mit Erfolg dafür ein, ihn aus dem Gefängnis zu entlassen und zu uns in die Universitätsklinik zu verlegen. Dort führten wir dann die meisten unserer Gespräche.

Ich erfuhr von allen drei Tätern, mit ein paar Abweichungen, wie es zu dem Mord an Herrn Weiland gekommen war.

An einem heißen Nachmittag im Juli kam Xander, der Anführer der Tätergruppe, mit Herrn Weiland beim Biertrinken an einem Kiosk ins Gespräch. Xander erzählte Herrn Weiland, dass es ihm im Moment nicht besonders ging. Er hatte seine Miete nicht bezahlen können, deshalb war er an diesem Tag obdachlos geworden. Während sie ihr Bier tranken, jammerte Xander über sein Schicksal und darüber, wie er wohl die nächste Nacht verbringen müsste. Herr Weiland, der bereits unter Alkoholeinfluss stand – er hatte einen Hang zu alkoholischen Getränken –, bot Xander an, ein paar Tage bei ihm zu wohnen, bis er wieder ein Dach über dem Kopf haben würde. Xander nahm den rettenden Vorschlag ohne zu zögern an. Er brachte seine Habseligkeiten sofort in die Wohnung des Mannes. Darunter waren auch sein Kassettenrekorder und CD-Player, viele Kassetten und CDs. Alle mit rechtsextremistischer Musik. Schon am nächsten Tag brachte Xander auch seine Freunde mit, die ebenfalls in der Neonaziszene verkehrten. Sie hörten stundenlang Musik, und sie tranken dabei Bier, viel Bier.

Inzwischen war Xander schon über einen Monat in Herrn Weilands Wohnung. Zwischenzeitlich hatte er sich nicht besonders bemüht, eine andere Bleibe zu finden. An einem frühen Nachmittag öffnete Xander mit dem Zweitschlüssel, den Herr Weiland ihm überlassen hatte, die Wohnungstür. Er schleppte einen Rucksack voll Bierdosen in die Küche. Das Bier hatte er gerade im Supermarkt als Nachschub geholt. Er nahm zwei Dosen Bier aus dem Rucksack, legte eine Kassette mit rechtsextremistischer Musik in den Kassettenrekorder, eine Kassette von der Gruppe »Standarten«, setzte sich in einen abgenutzten Sessel und lauschte der Musik, während er Kopf und Beine im Takt der Lieder bewegte. Lieder mit ähnlichem Inhalt wie dem folgenden:

> Ist ja nur ein Türke, ein altes Kümmelschwein.
>
> ...
>
> Man muss sie einfach töten, alles andere hat keinen Zweck.
> Steck sie in den Kerker oder schick sie ins KZ.
>
> ...
>
> Tötet ihre Kinder, schändet ihre Frauen, vernichtet ihre Rasse.
> Hast du ne große Eiche in deinem Garten stehn,
> dann will ich einen Türken daran sehen.

Herr Weiland lag auf dem Sofa. Er hatte gerade seine letzte Dose Bier geleert. Als Xander eine Weile später wieder in die Küche ging, um Nachschub zu holen, kam er mit wutverzerrtem Gesicht zurück und schrie Herrn Weiland an: »Du hast eine von meinen Bierdosen getrunken.« »Das habe ich nicht«, antwortete der leise. »Das hast du wohl getan. Ich bekomme von dir 5 Euro«, brüllte Xander. Herr Weiland sagte, dass er keine 5 Euro habe. Xander schnappte seinen Gastgeber am Kragen, hob ihn hoch und schlug ihm mit aller Wucht die Faust ins Gesicht. Durch diesen Schlag brach er Herrn Weiland Nase und Kiefer. Blut strömte über sein Gesicht, das Hemd, befleckte das Sofa.

Als Herr Weiland benommen zu Boden fiel, klingelte es an der Tür. Xander wurde unruhig, machte die Musik leiser, ging zur Tür und fragte vorsichtig, wer draußen sei. »Wir sind es, Yannic und Zoran. Mach auf.« Erleichtert, dass es nur seine Freunde waren, öffnete er die Tür. Als die beiden in die Wohnung kamen, sahen sie Herrn Weiland blutverschmiert am Boden liegen. Er versuchte gerade, sich mit den Ellenbogen auf die Couch zu stützen, um aufzustehen. Sie fragten Xander, was los sei. »Der hat mein Bier gestohlen und weigert sich, es zu bezahlen«, sagte Xander. »Das ist aber schlecht«, kommentierte Yannic. »Gib das Geld her. Was ist hier eigentlich für eine Unordnung. Der muss jetzt Ordnung schaffen. Komm, du Arschloch, mach die Wohnung sauber.« Herr Weiland, dem es gerade gelungen war, sich auf das Sofa zu legen, versuchte, mit seinem Hemd die Blutungen zu stillen. Er murmelte etwas wie: »Das geht jetzt nicht.« »Was hast du da gesagt«, meinte einer der drei. »Komm her, du wirst sehen, dass es geht.« Yannic zog Herrn Weiland an den Armen, um ihn zum Aufstehen zu zwingen. Da schlug ihm Xander mit einer leeren Bierflasche auf den Kopf. Die Flasche zerbrach, Herr Weiland brach zusammen. Yannic und Xander machte das wütend, und sie begannen ihn zu treten. Dabei zielten sie vor allem auf seinen Kopf. Sie forderten ihn auf, endlich aufzustehen. Herr

Weiland versuchte, sich am Sofa abzustützen, um aufstehen zu können. Dabei kippte das Sofa aber um.

Die Wut aller drei war nicht mehr zu bändigen. Sie hoben ihn auf und setzten ihn in einen Sessel. Dann begannen sie, mit ihren Schuhen gegen sein Scheinbein zu treten und schlugen immer wieder auf ihn ein. Herr Weiland versuchte verzweifelt, sich vor ihren Schlägen und Tritten zu schützen. Aber das blieb ohne großen Erfolg. Yannic stellte sich vor Herrn Weiland auf und trat ihm mit dem Fuß kräftig auf den Brustkorb. Herr Weiland kippte samt Sessel um und schlug mit dem Hinterkopf auf eine Schrankkante. Xander und Yannic setzten ihn wieder auf und schlugen und schubsten ihn weiter. Dann nahm Xander ein Staubsaugerrohr und schlug Herrn Weiland damit auf den Kopf, und als der versuchte aufzustehen, versetzte Xander ihm einen heftigen Schlag mit dem Rohr in den Bauch. Inzwischen war auch der Teppichboden mit Blutflecken übersät. Zoran ging ins Schlafzimmer, nahm einen Kopfkissenbezug, tauchte ihn in lauwarmes Wasser und drückte ihn auf die Kopfwunde von Herrn Weiland.

»Warum haben Sie die beiden anderen nicht daran gehindert, die Tat zu begehen?« fragte ich Zoran.

»Ich habe nicht daran gedacht«, antwortete er.

»Was haben Sie denn getan, nachdem Sie den Kopfkissenbezug Herrn Weiland auf die Wunde gedrückt hatten?«

»Wir haben ihn weiter geschlagen und getreten. Wir alle drei. Ich habe vergessen zu sagen, dass Xander vor der Tat Turnschuhe trug. Aber dann zog er über den rechten Fuß einen Springerstiefel mit Kappe, so etwas, was wir draußen bei unseren Demos tragen. Damit trat er Herrn Weiland. Am linken Fuß hatte er noch seinen Turnschuh an. Ich nehme an, er hat den Stiefel getragen, um Herrn Weiland noch mehr Schmerzen zuzufügen. Mit dem bestiefelten Fuß hat er mehrmals auf ihn eingetreten.«

Eines der rechtsextremistischen Lieder, die Xander so gern hörte, passte vollkommen zu seiner Tat:

Die Boots tun ihre Arbeit,
die Stimmung ist enorm.
Heute haben wir Lust auf Action,
heute sind wir groß in Form.

Zeig ihnen, du bist ein Skinhead,
zeig ihnen, du bist hart,
zeig ihnen, das ist unsere Nacht,
denn wir sind die Macht.

»Spielte die Musik die ganze Zeit über?«, wollte ich wissen.

»Ja, natürlich, die ganze Zeit.«

»Die ganzen zwei Tage?«

»Ja, die ganzen zwei Tage.«

Ich fragte Zoran, ob ich richtig verstanden hätte, dass während der gesamten Zeit, also während der gesamten zwei Tage, über die die Tat sich erstreckte, die Musik spielte.

»Ja, wenn wir wach waren, spielte die ganze Zeit Musik«, antwortete er.

»Welche Musik haben Sie gehört?«

»Verbotene, also rechtsextremistische Musik.«

»Worum ging es dabei?«

»Na, Schwarze zu vergasen und abzuknallen, Juden zu vergasen und abzuknallen, Lizenz zu töten und Ähnliches.«

»Lizenz zu töten?«, fragte ich. »Könnten Sie mir etwas mehr darüber erzählen?«

»Nein, es ist ein langes Lied. Das kann ich nicht auswendig.«

»Nur ein paar Sätze, die Ihnen einfallen«, insistierte ich.

»Na ja, das ist ein Lied von ›Noten des Hasses‹, glaube ich.«

»Was sind ›Noten des Hasses‹?«

»Das ist eine CD, ich glaube von den ›White Aryan Rebels‹.«

»Ja, aber was sagt das Lied aus?«, fragte ich noch einmal.

»Ich kann mich nicht an alles erinnern. Es geht ungefähr so:

Mit der Lizenz zu töten, ziehen wir dann durch das Land.
Dann wird alles Kranke erschlagen und niedergebrannt.

Und dann kommt ungefähr der Text:

Hier kommen die Noten des Hasses, für unsere Generation.

Mehr weiß ich auch nicht.«

»Das reicht mir schon«, sagte ich.

Nachdem Xander die rechtsextremistische Musik lauter gemacht hatte, ging er zu Herrn Weiland, griff mit einer Hand den Unterarm und mit der anderen Hand den Oberarm des Opfers und versuchte mit aller Gewalt, ihm den Arm zu brechen. Nach zwei, drei Versuchen gelang ihm das. Man hörte ein krachendes Geräusch, trotz der lauten Musik.

Aber Herr Weiland schrie nicht mehr. Er war inzwischen kreidebleich geworden und stöhnte nur noch.

Danach sagte Xander: »Der hat noch nicht genug. Aber er ist so schmutzig. Wir müssen was unternehmen. Holt die Reinigungsmittel her.« Zoran ging ins Badezimmer und holte sämtliche Chemikalien, die dort herumstanden. Vorwiegend handelte es sich um ätzende Reinigungsmittel. Die beiden anderen zogen mit Gewalt das Opfer vollständig aus. Dann sprühte Zoran die Chemikalien auf den nackten Körper. Xander holte Streichhölzer und zündete die besprühten Körperteile an. Herr Weiland schrie und versuchte, die Feuerstellen an seinem Körper zu löschen, was ihm auch teilweise gelang. Dann fand Xander irgendwo eine Möbelpolitur, schüttete sie auf das stöhnende Opfer und zündete Herrn Weiland erneut an. Der versuchte verzweifelt, die neuen Brandstellen zu löschen, Xander aber hinderte ihn daran. Zoran, der zuerst die Chemikalien versprüht hatte, löschte die noch immer brennenden Stellen. Doch das war nur ein vorübergehendes Erbarmen. Zoran, der das Feuer löschte, zündete ein neues auf dem großen Zeh von Herrn Weiland an. Dann nahm Xander eine halb leere Flasche mit einer Chemikalie und schüttete diese auf die Haare des Opfers und zündete sie an. Erneut löschte Zoran das Feuer, als es zu stark wurde. Nachdem die drei Flaschen Chemikalien aufgebraucht waren, besprühten sie ihn mit einem Schuhputzmittel, einem gut brennbaren Spray, und zündeten ihn erneut an.

Xander und Yannic befahlen Herrn Weiland anschließend, unter die Dusche zu gehen. »Du stinkst nach Chemikalien, verbrannter Haut und verbrannten Haaren.« Sie zerrten ihr Opfer unter die Dusche. Das Wasser stellten sie »kochendheiß« ein. Herr Weiland schrie. Aber erst nach ein paar Minuten regelte Zoran die Wassertemperatur. Die drei ließen den Mann im Badezimmer zurück und gingen in die Stube, wo sie Bier tranken. Xander wechselte die Kassette, neue rechtsextremistische Lieder klangen aus dem Kassettenrekorder. Lieder ähnlich wie »Survival« von der rechtsextremistischen Band »Attack«:

> Ich erfuhr Erleichterung, als ich abdrückte und dich sterben sah. Ich kann nicht aufhören zu lachen, jedes Mal.

Oder ähnliche Lieder wie das:

> Sperren Sie mich und meine Familie in einen Käfig mit einem Schwein für eine Woche. Und ich schwöre, ich werde es verdammt nochmal töten. Und ich teile es in Scheiben und schneide seine Eingeweide heraus, dann stecke ich ihn auf einen Stock und koche diesen Bastard.

Die drei sangen solche Lieder mit und bewegten rhythmisch ihre Körper dazu.

Inzwischen waren einige Stunden vergangen. Über drei Stunden. Irgendjemand sagte: »Jetzt habe ich Hunger. Ich will was essen.« Die drei beschlossen, nach draußen zu gehen und etwas zu essen. Sie durchsuchten Herrn Weilands Kleidung, fanden 6 Euro, nahmen das Geld und gingen zum nächsten Dönerstand.

»Zu einem Dönerstand?«, fragte ich Zoran scheinbar überrascht. »Ich dachte, Sie wollen alle Türken mit Strychnin auslöschen oder zumindest aus Deutschland verjagen.«

Zoran blickte verlegen zu Boden und sagte kein Wort.

Gegen 17 Uhr kamen sie erheitert zurück. Herr Weiland lag nackt in einem Sessel, »wie ein leerer Kartoffelsack«. Yannic machte Scherze über ihn. Xander legte eine neue CD ein, auf der unter anderem das Lied war »Blut muss fließen«. Alle drei bewegten Kopf und Arme rhythmisch zur lauten Musik und sangen mit: »Lasst das Messer flutschen in den Judenleib.«

Plötzlich hatte Xander eine Idee. Er ging in die Küche, nahm ein Küchenmesser, kam zurück und schnitt dem Opfer eine tiefe, 20 Zentimeter lange Wunde in die rechte Seite des Oberkörpers. Herr Weiland schrie und jammerte. Die Wunde begann stark zu bluten. Einer der drei sprühte die Reste der Chemikalien auf die Wunde. Die Schreie des Opfers vermischten sich mit der rechtsextremistischen Musik. Inzwischen war es 3 Uhr morgens geworden. Die drei legten sich schlafen, nachdem sie den CD-Player ausgeschaltet hatten. Herr Weiland lag halb tot noch immer im Sessel.

Am späten Vormittag des nächsten Tages standen alle drei Täter auf. Xander, der als Erster aufgestanden war, ging in ein benachbartes Geschäft, wo er ein paar Mixgetränke (Bier mit Cola) kaufte. Alle drei Täter tranken davon. Herrn Weiland war es irgendwie gelungen, sich auf die Couch im Wohnzimmer zu schleppen.

Plötzlich klingelte es. Die drei erschraken. Sie machten die Musik leiser – gerade lief eine Kassette von »Kraftschlag«. Xander ging vorsichtig zur Tür und fragte, wer draußen sei. Es waren zwei Mädchen aus ihrer Clique. Xander war erleichtert und öffnete die Tür. Die beiden Mädchen erschraken sehr, als sie Herrn Weiland so schlimm zugerichtet sahen. Sie sagten den dreien, sie sollten »ihren Arsch bewegen« und Herrn Weiland so schnell wie möglich ins Krankenhaus bringen, sonst sterbe er. Weil sie aber nichts mit der Sache zu tun haben wollten, verschwanden sie gleich wieder.

Xander sagte zu Herrn Weiland: »Falls du niemandem erzählst, wie es zu den Verletzungen gekommen ist, kannst du auch ins Krankenhaus gehen.« Herr Weiland war inzwischen aber nicht mehr in der Lage zu gehen. Auch konnte er kaum noch sprechen.

Gegen Mittag beschlossen die drei, in die Stadt zu gehen, um Essen und Getränke zu besorgen. Als sie zurückkamen, fragte Zoran Herrn Weiland, ob er auch etwas essen wolle. Der antwortete nur leise, sehr leise: »Wasser«, was er auch bekam.

Doch dann begann sein Martyrium erneut. Xander fand einen »komischen Stock«, »einen Fahnenstock oder so«, und hatte die Idee, ihn Herrn Weiland in den After zu schieben. Zoran nahm den Stock und setzte die Idee in die Tat um. Herr Weiland schrie vor Schmerzen. »Der hat den so derb da reingeschoben, dass der Stock zerbrochen ist«, erzählte Yannic. »Herr Weiland lag dabei auf der Eckcouch.«

»Hat sich das Opfer gewehrt?«, fragte ich.

»Nein, der konnte sich ja gar nicht mehr wehren. Er war schon total geschwächt zu dem Zeitpunkt«, meinte Yannic.

Anschließend zerrten sie ihn zur Badewanne und beförderten ihn mit einem Tritt in das heiße Badewasser. Zoran schütte Waschpulver ins Wasser. Dabei zielte er vorwiegend auf die Brandwunden an Kopf und Armen des Opfers. Er forderte die beiden anderen auf, auch Gewürze wie Paprika und Pfeffer zu holen. Dann warfen sie sämtliche Schmutzwäsche, die in der Wohnung zu finden war, ins Badewasser und forderten Herrn Weiland auf, die Wäsche zu waschen.

Doch damit noch immer nicht genug. Xander entdeckte im Mülleimer ein verdorbenes Hähnchen. Es war noch roh. Er nahm es und drängte Herr Weiland, es zu essen. Weil der es ablehnte, holte Yannic zwei Ratschen und schlug Herrn Weiland damit auf den Kopf und weil es nur zwei Ratschen waren, wechselten sich die drei Neonazis mit dem Schlagen ab. Wie viele Schläge sie ihrem Opfer zufügten, konnten mir die Täter später nur mit den Worten »viele, sehr viele« benennen.

In dem Moment klingelte es. Xander ging zur Tür und öffnete, denn er war überzeugt, dass es wieder die beiden Mädchen aus der Clique waren. Vor ihm standen aber die beiden Töchter von Herrn Weiland. Trotz seines Widerstandes gelang es den Töchtern, in die Wohnung einzudringen. Sie schrien laut auf, als sie sahen, wie ihr Vater zugerichtet worden war, und gingen auf die Täter los. Dann benachrichtigten sie sofort die Polizei und den Notarzt.

Xander flüchtete als Erster über den Balkon, die anderen beiden sprangen hinterher. Xander verschwand, die beiden anderen bekamen aber nicht mit, wohin er lief. Yannic und Zoran trafen also die Entscheidung, in die Wohnung zurückzukehren und so zu tun, als seien sie an der Tat nicht beteiligt. Sie einigten sich darauf, alles Xander in die Schuhe zu schieben. Diese Version erzählten sie auch der Polizei. Die Polizisten machten ihnen aber von Anfang an deutlich, dass sie ihnen kein Wort glaubten.

Herr Weiland wurde mit dem Rettungswagen ins nächste Krankenhaus gebracht. Die Ärzte stellten Brüche des Unterkiefers und des linken Unterarmes, ausgedehnte Hämatome am Brustkorb, am Oberbauch, an beiden Oberarmen und am Rücken fest, Schnitt- und Ritzverletzungen am Rücken sowie an der Kopfhaut, flächenhafte Verätzungs- und Verbrennungsverletzungen an der Vorderseite des Unterschenkels und am Gesäß sowie am gesamten Rumpf. An 20 bis 25 Prozent der Körperoberfläche war nicht nur die Haut, sondern auch das Unterhautfettgewebe verbrannt.

Herr Weiland wurde sofort in ein künstliches Koma versetzt und intubiert. Er starb wenig später an den Folgen seines Martyriums.

Ich fragte Xander: »Während der zwei Tage, die Sie gemeinsam Ihr Opfer gequält haben, während dieser zwei Tage der Folter also, spielte ständig rechtsextremistische Musik?«

»Ja, das stimmt.«

»Yannic hat erzählt, dass diese Musik auch lief, während Sie schliefen. Aber darauf möchte ich jetzt nicht näher eingehen. Was ich wissen möchte ist, seit wann Sie zu den rechtsextremistischen Kreisen gehören.«

»Seit meinem 13. Lebensjahr.«

»Was sind Ihre Motive?«, wollte ich wissen.

»Ich bin grundsätzlich gegen Neger und Türken. Auch gegen Ausländer habe ich was, weil die dealen.«

»Sie sind der Meinung, dass alle Schwarzen, alle Türken und überhaupt alle Ausländer Dealer sind?«, wunderte ich mich.

»Die meisten. Die benehmen sich wie die Schweine. Dabei sind die hier bei uns nur Gäste. Da müssen die sich schon benehmen. Außerdem stört mich an den Schwarzen, wie die sprechen. Statt ›Guten Tag‹ sagen die ›Geh deine Mutter ficken‹.«

»Sagen das nur die Schwarzen«, fragte ich, »oder alle Ausländer?«

»Alle Ausländer sind so. Die sollen alle hier raus, weil die sich wie die Schweine benehmen. Die vergewaltigen Mädels und so was.«

»In meinem Beruf untersuche ich im Auftrag der Gerichte Hunderte von Vergewaltigern«, führte ich an. »Aber darunter waren nur ganz wenige Ausländer.«

»Das ist mir egal. Aber alle Ausländer, die hier ihre Verbrechen begehen, sollen raus. Eigentlich sollten alle Ausländer das Land verlassen. ›Ausländer raus‹ ist meine Lieblingsparole. Alle Ausländer müssen raus.«

»Auch die ausländische Industrie und die ausländische Intelligenz?«, fragte ich.

»Das interessiert mich nicht. Ist mir völlig egal.«

»Haben Sie schon Ausländer getroffen?«

»Ja, wir prügeln uns immer mit den Schwarzen in der Innenstadt.«

»Eines der Lieder, das Sie in den zwei Tagen hörten, enthielt den Text ›Ein Messer soll in den Judenleib flutschen‹. Kennen Sie Juden?«

»Nein, ich habe noch keinen getroffen. Solche Lieder hören wir einfach, weil das eben dazugehört. Ich rufe auch die bekannten Parolen gegen Juden, weil das alle machen. So zum Beispiel bei unseren Demos. Da rufe ich auch ›Heil Hitler‹. Das ist ein Gruß an *Ihn*.«

»Was soll mit den Juden passieren?«

»Das, was in dem Lied gesagt wird. Die Juden haben hier nichts zu suchen, und man sollte sie am besten alle verbrennen.«

Die Lieder, die Xander und die anderen so gerne hörten, sprachen ja davon, so auch die der Bands »Macht & Ehre« und »Kommando«:

> Auschwitz, Dachau und Buchenwald,
> da machen wir die Juden aufs Neue kalt.
> Auschwitz, Dachau und Buchenwald,
> da machen wir den Wiesenthal aufs Neue kalt.
>
> Nur Lügen tut er verbreiten
> ...
> fließt dein Blut
> doch wir reißen deinen Kopf ab,
> scheißen kräftig rein,
> denn nur so muss es sein,
> denn nur so muss es sein.

So lautet der Text in dem Lied »Der ewige Jude«. Ein anderes Lied heißt »Hast du Hunger?«:

Jude – Tod dem Juden, der tut nichts Gutes.

. . .

Hast du Hunger, ist dir kalt,
na da wissen wir etwas,
fahr doch einfach nach Buchenwald,
fahr doch einfach nach Buchenwald.

Kuck mal, da läuft schon wieder einer,
den will ich haben, das ist meiner.
Werden wir ihn umschlagen
und zum nächsten Ofen tragen.
Sperren wir ihn in die Kammer ein,
und schieben ein bisschen Zyklon-B rein.
Das wird wohl das Beste sein,
dann ist der tot, das Judenschwein.

Nachdem ich tief durchgeatmet hatte, fragte ich Xander: »Was wollen Sie mit den Schwarzen tun?«

»Man sollte sie totschlagen und abknallen, genau wie die Juden.«

»Was wissen Sie über Hitler?«

Mit lauter Stimme antwortete Xander: »Hitler war ein Halbjude mit dem Namen Adolf Schickelhuber. Am 20. April ist der geboren. Der war der Führer der Deutschen und hat uns in den Krieg geführt. Der hat viele Länder erobert.«

»Was wissen Sie noch über ihn? Wann und wo ist er gestorben? Wissen Sie das?«

Nach einer langen Pause gab Xander kleinlaut und verlegen lächelnd zu: »Das weiß ich nicht genau. Vielleicht 1988?«

»Hm . . . Ist es so?«

»Ich weiß es nicht genau. In Geographie war ich nicht gut, ich war auch nie da.«

»Was hat der Geographieunterricht mit dem Tod von Hitler zu tun?«, fragte ich verwundert.

»In Geographie lernt man über die Städte und alles so was. Sie haben mich gefragt, wo Hitler gestorben ist.«

»Und was lernt man in Geschichte?«

»Über den Krieg. Aber im Geschichtsunterricht war ich auch nie, weil ich die Schule meist geschwänzt habe.«

»Also können Sie nicht mehr über Hitler sagen? Hitler hat Deutschland durch einen Krieg zerstört. Fremde Armeen besetzten das Land. Millionen von Menschen wurden umgebracht. Wollen Sie, dass so etwas erneut passiert?«

»So krass soll es natürlich nicht kommen.«

»Was machen Sie in Ihren rechtsextremistischen Kreisen?«

»Wir saufen jeden Tag und schlagen uns mit irgendwelchen Leuten rum, mit Schwarzen und so.«

»Sie saufen den ganzen Tag lang?«, fragte ich, eher rhetorisch.

Dazu passt wohl auch das folgende Lied:

Für Bier und Bier und nochmal Bier
werde ich zum Wilden.
Gewalt, Gewalt, die nackte Gewalt,
was anders ist, wird umgeknallt.
Emanzenscheiße, alles Mist,
Türken raus, ich bin Sexist.

So singt man in »EKU 28«, »Berlin bleibt deutsch«.

»Prügeln Sie sich auch mit Ihren eigenen Leuten aus der Szene?«, hakte ich nach.

»Das kommt auch vor.«

»Wie sind Sie überhaupt in diese Szene gekommen?«

»Eine Freundin aus der Gruppe hat mich dahin mitgenommen. Damals war ich 13 Jahre alt. Sie hat mir gesagt, dass ich mit der Bomberjacke und den Springerstiefeln chic aussehe.«

»Meinen Sie die Springerstiefel, mit denen Sie Herrn Weiland gegen den Kopf, den Brustkorb und gegen den Bauch getreten haben?«

»Ja«, sagte Xander kleinlaut.

»Sie haben aber nur einen Springerstiefel getragen, um effizient zu sein.«

Darauf wollte Xander keine Antwort geben.

»Sind das besondere Springerstiefel?«, fragte ich weiter.

»Ja, die haben rote Schnürsenkel. Das Bedeutet ›Blut und Ehre‹.«

»Was bedeutet ›Blut und Ehre‹?«

»Weiß ich nicht. Darüber habe ich nie nachgedacht.«

»Sie sagen, dass Schwarze und Ausländer kriminell sind. Würde es Sie sehr überraschen, wenn ich Ihnen sage, dass ich seit 30 Jahren Kriminelle untersuche, die meisten von denen aber Deutsche sind?«

»Auch die deutschen Kriminellen sollte man hart bestrafen. Die sollte man in Zwangsarbeiterlager stecken, so wie früher. Und die Kindervergewaltiger sollten umgebracht werden. Alle müssen erschossen werden.«

»Was sollte man dann Ihrer Meinung nach mit *Ihnen* tun?«

»Ich habe kein Kind umgebracht.«

»Das ist richtig, aber Sie haben einen Erwachsenen ermordet.«

»Wenn man Erwachsene tötet, dann sollte man nicht erschossen werden. Erwachsene haben ihr Leben ja schon ausgelebt.«

»Was soll man dann also mit Ihnen tun?«, fragte ich noch einmal.

»Weiß ich nicht«, meinte Xander kleinlaut.

»Kommen wir noch einmal zurück zur Musik. Warum lief während der zwei Tage die ganze Zeit diese Musik?«

»Das ist meine Lieblingsmusik. Die höre ich immer. Ich kenne natürlich nicht die ganzen Texte auswendig. Es geht hauptsächlich gegen Ausländer. Man sollte Afrikaner erhängen. Vergasen und so was. Aber auch gegen Drogen geht es. Die Afrikaner sollen wegen der Drogen vergast werden.«

»Aber«, warf ich ein, »in einigen Ihrer Lieder geht es auch gegen Juden. Sind Juden denn Schwarze?«

»Die Lieder sind komplett gegen alles, was rumläuft.«

»Sie haben aber gesagt, dass Sie nie einen Juden kennen gelernt haben. Was haben Sie denn gegen sie?«

»In den Liedern geht es einfach darum, dass Juden hier nichts zu suchen haben. Man sollte sie also auch verbrennen, totschlagen oder abknallen. Das ist eben einfach so. Das habe ich doch schon mehrfach gesagt«, meinte Xander aufgebracht.

»Wie oft hören Sie denn diese Musik?«

»Na, jeden Tag. Die ganze Zeit über.«

»Wenn Sie aber gegen Ausländer, Schwarze, Juden und Kriminelle sind, können Sie mir dann bitte eines sagen: War Herr Weiland schwarz, war er Ausländer oder Jude? Oder war er vielleicht ein Krimineller?«

»Nein, war er nicht. Aber Deutschland muss sauber gemacht werden von all solchen Alkoholikern oder so«, sagte Xander. »Aber warum fragen Sie so was?«

Ja, warum fragte ich wohl so etwas? Herr Weiland war der Gastgeber, der Xander von der Straße geholt hatte.

Und Xander war trotz seines jungen Alters bereits ein schwerer Alkoholiker.

Xanders Kindheit verlief traurig, ja sogar dramatisch. Er hat seine Mutter nie kennen gelernt. Er war kein Wunschkind. Seine Mutter war eigentlich schon zu einer Abtreibung im Krankenhaus gewesen, doch dann wurde sie von Xanders Vater überredet, das Kind doch zu behalten. Direkt nach der Geburt verließ sie das Krankenhaus, und damit auch ihren Mann und das Kind. Das Kind blieb im Krankenhaus zurück. Xander sagte mir mit wütendem Gesichtsausdruck:

»Ich habe meine Mutter nie kennen gelernt. Das ist wahrscheinlich auch besser so. Ich werde sie fertig machen, wenn sie eines Tages anruft. Sie hat bis jetzt nicht ein einziges Mal angerufen, ich weiß nichts über sie. Ich kenne nur ihren Namen, sie heißt Birgit. Aber bis heute hat sie sich nicht gemeldet. Das ganze Leben nicht. Meine Telefonnummer könnte sie leicht ausfindig machen.«

Xander verbrachte seine ersten drei Lebensjahre im Heim. Dann holte ihn der Vater zu sich. Mit ihm lebte er bis einige Monate vor seiner Inhaftierung. Über den Vater spricht Xander wenig. Er beschreibt ihn als mehr oder weniger korrekt. Xander zeigte schon sehr bald ein fortschreitendes aufsässiges und aggressives Verhalten. Später schwänzte er die Schule und erzählte Lügengeschichten. Der Vater war besorgt und suchte bei einem Kinderpsychiater Hilfe für seinen Sohn. In den Unterlagen des Kinderpsychiaters fanden wir Aufzeichnungen darüber, dass der Vater zwar sehr verantwortungs- und liebevoll mit seinem Sohn umgegangen ist, aber extrem überfordert mit ihm war. Xanders unterdurchschnittliche Intelligenz und sein aufsässiges Verhalten erschwerten seine Sozialisation und schulische Entwicklung sehr. Ein Versuch, ihn in eine normale Schule einzuschulen, scheiterte. So wurde er in einer Sonderschule untergebracht. Während der Schulzeit nahmen seine dissozialen Züge deutlich zu. Er verprügelte Mitschüler und Lehrer, schwänzte die Schule, verbrachte die Tage auf der Straße, trank viel Alkohol, zettelte Schlägereien an und beging Diebstähle. Xander trug seine Springerstiefel mit roten Schnürsenkeln, die »Ehre und Blut« bedeuten sollen, seine Tarnhose und Bomberjacke. Sein ganzer Stolz. Und er ließ sich eine Glatze scheren.

Die Schule verließ er ohne Abschlusszeugnis. Ein berufsvorbereitendes Jahr musste er schon nach wenigen Wochen abbrechen, da die Schulleitung mit seinen aggressiven Verhaltensmustern, dem Neonazigehabe und den Angriffen gegen Mitschüler nicht zurechtkam. Seitdem tut er nichts anderes, als mit seinen Gesinnungsgenossen durch die Stadt zu ziehen, Prügeleien anzuzetteln und Alkohol zu trinken. Seit seinem 13. Lebensjahr trinkt er Alkohol im Übermaß. Sein Alkoholkonsum stieg und stieg, zuletzt betrug er im Durchschnitt 24 Flaschen Bier am Tag. In unregelmäßigen Abständen trinkt er auch noch Schnaps dazu. Er beginnt schon direkt nach dem Aufwachen mit dem Trinken und benötigt immer mehr Alkohol, um in einen Rauschzustand zu geraten. Wegen schwerer Entzugserscheinungen mit Zittern, Schweißausbrüchen, Übelkeit und anderen Symptomen oder wegen Alkoholvergiftung lag er schon mehrere Male auf Intensivstationen. »Einmal wurde ich sogar als klinisch tot erklärt«, erzählte Xander mit einem merkwürdigen Stolz in der Stimme.

»Wenn Sie eines Tages entlassen werden, werden Sie dann weiter trinken?«, fragte ich ihn.

»Ja natürlich.«

»Trotz aller Erfahrungen, die Sie gemacht haben? Ist das nicht eine gute Gelegenheit, trocken zu bleiben?«

»Nein, es schmeckt mir so gut.«

Die Diagnose der »Alkoholabhängigkeit« war leicht zu stellen. Doch macht es traurig, bei einem 18-jährigen jungen Mann einen so schweren Grad der »Alkoholabhängigkeit« zu diagnostizieren. Und dann ausgerechnet bei Xander, der Deutschland von »solchen Leuten wie den Alkoholikern« befreien möchte.

Xander verneinte während unserer Gespräche, Drogen zu konsumieren. Rechtsextremisten seien ja dagegen. Aus den Akten der kinderpsychiatrischen Klinik, in der er lange behandelt worden war, erfuhren wir aber, dass er auch Drogen, vorwiegend Hasch, konsumiert hatte. Er war wegen seiner Verhaltensauffälligkeiten mehrere Male für lange Zeit in kinderpsychiatrischen Kliniken gewesen. Das hatte vor allem der Vater veranlasst, der nicht mehr ein noch aus wusste und sich große Sorgen um die Zukunft seines Sohnes machte. Während der Behandlungen in den verschiedenen Kliniken und Kinderheimen war er sehr intensiv involviert und bemühte sich engagiert um Xander. Die Behandlungen in kinderpsychiatrischen Einrichtungen und

Heimen hatten keinen Erfolg. Unzählige Male lief Xander davon und wurde auf Bahnhöfen und an Getränkekiosken wieder aufgegriffen und zurückgebracht.

Stolz erzählte Xander, dass er während dieser Zeit mit einem Mädchen »verlobt« gewesen sei. Bei der »Verlobung« war er gerade einmal 15 Jahre alt. Drei Jahre habe die »Verlobung« gedauert.

»Was für eine Verlobung war das denn?«, wollte ich wissen.

»Na so, mit allem Drum und Dran«, erwiderte er. Diese »Verlobung« fand ihr endgültiges Ende, nachdem herauskam, dass Xander unter Potenzstörungen litt.

Zwei Jahre vor der Tötung von Herrn Weiland wurde Xander endgültig aus den kinder- und jugendpsychiatrischen Einrichtungen entlassen. Eine Zeit lang wohnte er wieder beim Vater, doch der konnte das Verhalten des inzwischen fast erwachsenen Sohnes nicht mehr ertragen. Die Diebstähle, der Alkoholkonsum, die ständigen Prügeleien und die rechtsextremistischen Allüren wurden ihm irgendwann zu viel. Er warf ihn aus der Wohnung, unterstützte ihn aber weiterhin finanziell. Mit diesem Geld kam Xander aber nicht zurecht. Miete, Strom und Wasser blieben unbezahlt. So wurde er obdachlos.

Herr Weiland nahm ihn auf.

Yannic

»Sind sie religiös?«, fragte ich Yannic.

»Wie meinen Sie das? Ob ich ›rechts‹ bin oder so?«

»Wissen Sie nicht, was religiös bedeutet? Wissen Sie, was Religion ist? Was das Wort ›Religion‹ bedeutet?«

»Ich schätze mal«, meinte Yannic, »das bedeutet Länder, Staaten und so.«

»Religion bedeutet Staaten? Nennen Sie mir doch bitte eine Religion«, bat ich.

»Deutschland.«

»Deutschland ist eine Religion?«

»Sozusagen.«

»Wissen Sie, was das Christentum ist?«, versuchte ich es anders.

Yannic wusste nicht, was er antworten sollte.

»Wissen Sie, was Christen sind?«

»Engel?«

»Wissen Sie, was Moslems sind?«

»Das sind Ausländer.«

»Also Moslems sind Ausländer? Wissen Sie, was Juden sind?«

»Nein.«

»Das wissen Sie nicht? Aber in diesen Liedern, die Sie während der Folter an Herrn Weiland und auch sonst so gern hören, kommt die ganze Zeit über vor, dass die Juden vergast werden sollen.«

»Ich weiß trotzdem nicht, was ein Jude ist«, antwortete Yannic kleinlaut. »Ich weiß, dass Juden Menschen sind. Ich weiß, dass Juden andere Meinungen haben und so.«

»Welche Meinung denn?«, wollte ich wissen.

»Weiß ich nicht. Ich habe noch nie einen Juden getroffen.«

»Aber wenn Sie keine Juden kennen, wenn Sie nicht wissen, was Juden sind und welche Meinung sie haben, wieso wollen Sie dann die Juden vergasen und abknallen?«

»Na, weil die hier nicht hergehören.«

»Sie sagten vorhin, dass Deutschland eine Religion ist. Ist Frankreich auch eine?«

»Ich glaub schon«, meinte Yannic.

»Wissen Sie, was eine Nation ist?«

»Nein.«

»Und sicherlich wissen Sie auch nicht, was ein Nationalist ist?«, fragte ich weiter.

»Ich glaube«, sagte er, »das hat etwas mit der Presse zu tun.«

»Sie hören doch rechtsextremistische Lieder und singen Lieder, die dazu auffordern, Ausländer, Schwarze und Juden zu töten?«

»Ja, die höre ich.«

»Was sagen diese Lieder aus?«

»Ich kenne die nicht auswendig.«

»Sie sollen mir nicht wortwörtlich den Text vortragen, sondern einfach wiederholen, worum es in den Liedern geht«, erklärte ich Yannic.

»Es geht um Gewalt und darum, dass man die Schwarzen hassen müsse. Die Schwarzen sollen zusammengeschlagen und erschossen werden, und die Juden auch. Die soll man auch zusammenschlagen.«

»Kam in den Liedern auch vor, dass Sie Herrn Weiland unmenschlich foltern und töten sollten?«

»Nein, nein. Natürlich nicht.«

»Nicht namentlich«, kommentierte ich.

»Was meinen Sie damit?«, fragte Yannic erstaunt.

»So, wie ich gesagt habe: Nicht immer namentlich. Das werde ich Ihnen ein andermal erklären.«

Auch Yannic kommt aus einer »Broken-home-Situation«. Seine Eltern wurden geschieden, als er zwei Jahre alt war. Den Vater hat er nur ab und zu mal gesehen, seit Jahren besteht gar kein Kontakt mehr zu ihm. Er weiß nichts über ihn und kann ihn auch gar nicht beschreiben. Zu seiner Mutter hat er kaum eine Beziehung, auch über sie kann er nichts weiter sagen. Nach der Scheidung vom Vater hatte die Mutter viele »Lebensgefährten«. Ob einer davon mit der Mutter verheiratet war, weiß Yannic nicht. Er vermutet, seinen Nachnamen von einem Lebensgefährten der Mutter zu haben, der genauso hieß wie er. Seit drei Jahren spricht die Mutter nicht mehr mit ihrem Sohn, nachdem er das Auto des damaligen Lebensgefährten gestohlen und zu Schrott gefahren hat. Sein Bruder, der ein Jahr älter ist als Yannic, sitzt ebenfalls wegen verschiedener krimineller Handlungen im Gefängnis.

Seine psychologischen Probleme zeigten sich als Erstes deutlich in einem starken Stottern. Aufgrund dessen musste er die 1. bis 4. Klasse in einer Sprachheilschule absolvieren. Nachdem er dreimal sitzen geblieben war, verließ Yannic ein Jahr vor dem Verbrechen an Herrn Weiland die Schule mit dem Abgangszeugnis der 7. Klasse. In der Schule war er ein extremer Einzelgänger und schwänzte sie für Wochen oder gar für Monate. Er wurde von den Mitschülern gehänselt, getreten und verprügelt. Eine Lehre hat er noch nicht begonnen.

Trotz seines jungen Alters war er bereits zweimal im Gefängnis. Er war gerade 15 Jahre alt, als er erstmals inhaftiert wurde. Bei seinen Straftaten handelte es sich um mehrere Diebstähle. Nur wenige Monate vor diesem neuen Verbrechen war er das letzte Mal aus dem Gefängnis entlassen worden. Yannic trinkt viel Alkohol. Er ist aber noch nicht alkoholabhängig. Wahrscheinlich haben ihn die Inhaftierungen zwischen seinem 15. und 18. Lebensjahr davor bewahrt. Auch Drogen hat er sporadisch konsumiert, doch auch davon ist er – wahrscheinlich aus dem gleichen Grund – nicht abhängig. Als er Streit mit seiner Mutter hatte, versuchte er zweimal, sich das Leben zu nehmen. Diese Handlungen führte er aber recht demonstrativ aus. Einmal stach er sich mit einem Messer ins Bein, ein anderes Mal nahm er die Pistole eines Freundes und hielt sich diese in Anwesenheit seiner Kumpel an die Stirn. Natürlich nahmen die ihm die Waffe ab.

Als ich mit Yannic seine gesamte Biographie durchgesprochen hatte, fragte ich noch einmal: »Warum haben Sie Herrn Weiland so etwas angetan? Warum? Und dann auf diese grausame Art und Weise?«

Ich bekam darauf keine Antwort.

»Sie haben doch selbst gesagt, dass Herr Weiland bereits völlig geschwächt und fast bewusstlos war, als Zoran ihm den Stock in den After schob. Er war schon so am Ende, dass er sich nicht mehr wehren konnte. Warum haben Sie nicht spätestens in dem Moment aufgehört?«, hakte ich nach.

»Warum, warum, warum?«, rief Yannic aufgeregt.

Nach einer Pause sagte er leise, mit bebender Stimme: »Ich habe mein ganzes Leben lang fast das Gleiche erlebt wie der. Ich bin auch zusammengetreten und zusammengeschlagen worden. Damals in der Schule haben mich die anderen immer zusammengeschlagen. Die haben meine Armbanduhr weggenommen. Und jeden Tag haben sie mein Geld genommen, nachdem die mich verprügelt hatten. Die haben mich auch einmal in einem Keller eingeschlossen und dort auf mich eingetreten. Das eine Mal wollten die mich sogar abbrennen und so. Ich habe in meinem Leben viel erlebt.«

»Und jetzt denken Sie, Sie sollten das Gleiche mit anderen machen? Auf noch grausamere Art und Weise?«

Yannic schwieg.

»Können Sie sich auch vorstellen, dass jemand wie Sie, der so etwas erlebt hat, andere Schwache eigentlich vor so etwas schützen sollte? Wenn man selbst so etwas erlebt, müsste man es doch bei anderen besser machen. Andere Schwache schützen und nicht noch schlimmer quälen. Ist so etwas für Sie auch vorstellbar?«

Wieder herrschte langes Schweigen.

Zoran

»Soviel ich aus den Akten und den Aussagen Ihrer Mitangeklagten weiß, gehören Sie der so genannten rechtsextremistischen Szene an. Stimmt das?«, wollte ich von Zoran wissen.

»Nicht mehr«, meinte er nur kurz.

»Seit wann gehören Sie nicht mehr dazu?«

»Seit meiner Inhaftierung vor zwei Wochen.«

»Also seit Ihrer Inhaftierung gehören Sie nicht mehr den rechtsextremistischen Kreisen an? Warum nicht?«, hakte ich nach.

»Weil die schwachsinnig sind.«

»Wie sind Sie so plötzlich zu dieser Erkenntnis gekommen?«

»Einfach so. Es gab keinen besonderen Vorfall, als ich das bemerkt habe.«

»Wie kamen Sie in die rechtsextremistischen Kreise, und seit wann gehören Sie denen an?«

»Durch Xander. Ich weiß aber nicht mehr, wann das war. Es könnte vor einem halben Jahr gewesen sein.«

»Erzählen Sie mir doch nichts«, warf ich ein. »Ich weiß, dass Sie schon lange dazugehören. Ihre Schwester hat vor einigen Monaten zu Hause viele Kassetten und CDs mit rechtsextremistischer Musik gefunden. Und ich weiß auch, dass Ihre Mutter – über die besondere Beziehung zwischen Ihnen und Ihrer Mutter werden wir uns später unterhalten – diese Kassetten der Polizei übergeben hat. Lange, bevor Sie inhaftiert worden sind. Was haben Sie in der rechtsextremistischen Szene vertreten?«, fragte ich.

»Na, wir waren gegen Ausländer und Juden. Aber Juden sind ja auch Ausländer.«

»Was genau bedeutet ›rechts‹?«

»Gegen religiöse Sachen zu sein. Gegen Ausländer und Juden eben. Einfach Rassist sein.«

»Ja«, kommentierte ich, »eines der Lieder, die Sie so gern hören, spricht von ›Jesus, dem Judenschwein‹. Andere ›gegen Christentum, Judentum und Islam und alle diese Scheiße‹.

»Was fanden Sie so gut an den Rechtsextremisten?«

»Es hat mir dort gefallen. Ich habe mich dort groß gefühlt. Das war das Hauptsächlichste für mich. Und auch die Musik und die Lieder haben mir gefallen.«

»Was gefällt Ihnen denn daran?«

»Es sind Gewaltlieder. Mir gefällt daran, dass sie gegen Ausländer gerichtet sind. Dort wird gesungen, dass Ausländer nicht in Deutschland bleiben sollen und dass man sie rausekeln und abknallen sollte. Auch die Juden.«

»Warum sollen Ausländer und Juden nach Ihrer Meinung abgeknallt werden?«

»Weiß ich nicht«, war das Einzige, was Zoran antworten konnte.

»Die Musik und die Lieder, die Sie bei der Quälerei und Tötung von Herrn Weiland gehört haben, könnten die eine Beziehung zu diesem Verbrechen haben?«

Auf diese Frage bekam ich von Zoran keine Antwort.

»Wie Sie wissen, habe ich mich für Sie eingesetzt, damit Sie jetzt nicht im Gefängnis sitzen müssen, sondern hier in der Klinik sein dürfen«, sagte ich. »Aber ich möchte die Wahrheit wissen. Das mit der Zugehörigkeit zu den Rechtsextremisten ist mir zu oberflächlich. Ich möchte es aber jetzt auch nicht weiter vertiefen. Ich möchte nur wissen, welche Erklärungen Sie dafür haben, dass Sie zwei Tage lang bei dieser schlimmen Folter mitgemacht haben.«

Auch darauf bekam ich keine Antwort.

Nach einem langen Schweigen versuchte ich es erneut: »Eine Antwort sind Sie mir schuldig. Es ist wichtig für mich, vor allem aber für Sie.«

»Ich habe große Scheiße gebaut«, meinte Zoran.

»Was waren Ihre Motive für die Tat?«

Wieder schwieg er lange.

»Bei der polizeilichen Vernehmung haben Sie ausgesagt, dass Sie es getan haben, um Herrn Weiland wehzutun. Warum?«

Erneut langes Schweigen.

»Sie haben mir nicht erzählt, dass Sie dem Opfer einen Stock in den After geschoben haben und der dort zerbrochen ist. Das habe ich erst von den anderen erfahren. Warum haben Sie das getan?«

»Ja«, meinte Zoran, »das stimmt.« Dann schwieg er wieder.

»Kannten Sie Herrn Weiland?«

»Nein, überhaupt nicht.«

»Was denken Sie jetzt über diese Tat?«

»Sie war völlig schwachsinnig. Die beiden anderen haben mich dazu aufgehetzt. Sie haben gesagt, ich solle mal zuschlagen und solche Dinge.»

»Sie hätten ›nein‹ sagen können.«

»Ja, das hätte ich.«

»Warum haben Sie es nicht getan?«

»Ich habe es nicht getan, weil ich vor den beiden anderen nicht dumm dastehen wollte. Wahrscheinlich wollte ich Anerkennung von denen. Sonst bekomme ich von niemandem Anerkennung«, sagte wortwörtlich der Mitleid erregende Zoran.

Als ich ihm das erste Mal im Jugendgefängnis begegnete, befand sich Zoran in dem Zustand, den ich bereits zu Anfang geschildert habe: Ein zitterndes Häufchen Elend, das nicht sprechen konnte. Betroffen von dem Anblick, setzte ich mich bei der Staatsanwaltschaft und beim Gericht für eine vorläufige Aufhebung des Haftbefehles und eine Verlegung in die Psychiatrische Universitätsklinik ein. Ich hatte die Hoffnung, dass er dadurch mehr Sicherheit und mehr Vertrauen fassen und einiges von seiner Ängstlichkeit verlieren würde. Gericht und Staatsanwaltschaft waren einverstanden, so konnte ich Zoran bei uns in der Klinik aufnehmen.

Meine Rechnung ging auf. Bereits bei unserem ersten Gespräch in der Klinik sagte Zoran: »Es tut mir Leid, dass ich im Knast nicht sprechen konnte. Jetzt möchte ich alles sagen. Ich habe Mist gebaut. Und ich will alles erzählen. Vor allem, weil ich die Befürchtung habe, dass die beiden anderen alles auf mich schieben werden. Die werden alles gegen mich aussagen, um sich selbst zu entlasten.« Und so erzählte er über die Tat. Doch leider erzählte er nicht alles. Er berichtete über vieles, was sich in den zwei Tagen zugetragen hatte. Einige Dinge aber behielt er für sich, die ihn belastet hätten. Erst aufgrund der Exploration, also der entsprechenden Technik und Befragung durch den Gutachter, berichtete er darüber. Meine innerlich empfundene Wut und das Entsetzen, das ich während der Beschreibung der zwei Foltertage ihm gegenüber gefühlt hatte, wurden von Mitleid abgelöst, als ich seine Biographie aus seinen Erzählungen, den Erzählungen seiner Mutter und seines Stiefvaters, seiner Schwester und aufgrund der Berichte des Jugendamtes rekonstruierte.

Auch Zoran kommt aus einer zerrütteten Familie. Seinen leiblichen Vater hat er praktisch nie kennen gelernt. Die Eltern hatten sich bereits vor seiner Geburt getrennt. Wahrscheinlich lebt sein Vater in einer psychiatrischen Langzeiteinrichtung, da er an einer chronischen psychischen Erkrankung leidet. Wenige Monate nach Zorans Geburt kam ein Stiefvater in die Familie. Als Zoran elf Jahre alt wurde, verließ auch dieser Mann seine Mutter. Vor der Trennung hatte der viel Unheil angerichtet. Der Stiefvater, der Alkohol im Übermaß trank, und die Mutter, die dem Alkohol ebenfalls völlig verfallen ist, stritten sich ständig. Dabei waren fast täglich gegenseitige Prügeleien zwischen den Partnern, aber auch gegen die Kinder an der Tagesordnung. Zu Hause bei den Eltern lebte außer Zoran und seiner zwei Jahre jüngeren Schwester noch ein Kind. Zoran hat eigentlich vier Geschwister. Alle Kinder stammen von verschiedenen Vätern. Zwei leben in Heimen oder wurden zur Adoption freigegeben. Er kennt die beiden nicht.

Die traumatische Zuspitzung der Verhältnisses zwischen Zoran und seinem Stiefvater – traumatisch im psychischen, aber auch körperlichen Sinne – fand ihren Höhepunkt, als Zoran acht Jahre alt war. Er lag eines Nachts in seinem Bett und schlief. Plötzlich wurde er von einer wankenden, lallenden Gestalt unsanft geweckt. Die Gestalt hielt ein Messer in der Hand. Lallend jagte sie dem noch verschlafenen Kind das Messer in den Rücken. Es sei der Stiefvater gewesen. Verurteilt wurde der aber nicht. In einem späteren Prozess hatte das Gericht die starke Vermutung, dass die wankende, lallende Gestalt die Mutter des Kindes gewesen war. Geklärt wurde die Sache aber nie. Niemand wurde verurteilt. Zoran wurde damals ärztlich behandelt. Das Jugendamt intervenierte und brachte das Kind ins Heim. Einige Monate später aber holte die Mutter mit Zustimmung des Jugendamtes Zoran zurück nach Hause. Ein schreckliches Zuhause. Als der Stiefvater bei einer seiner Misshandlungen Zoran das Schlüsselbein brach, zeigte die Mutter aber den Stiefvater nicht an. Auch nachdem dieser Stiefvater die Familie verlassen hatte und ein anderer seine Stelle einnahm, besserte sich nichts für Zoran. Im Gegenteil. Aber darüber wollte Zoran nicht sprechen.

»Aber sagen Sie mir bitte«, versuchte ich, in Zorans verschlossene Seele zu dringen, »einige Monate vor der Tötung von Herrn Weiland waren Sie drei Wochen in einem Krankenhaus. Warum?«

Zoran schwieg lange.

»Ich weiß«, fuhr ich fort, »dass Sie in der Chirurgie behandelt werden mussten. Was waren die Gründe dafür?«

Wieder langes Schweigen.

»Kommen Sie, Sie wissen, dass ich darüber Bescheid weiß. Ich habe die Akten hier liegen. Aber ich möchte es aus Ihrem Mund hören. Das ist wichtig.«

Zoran wurde rot, dann blass und begann am ganzen Körper zu zittern. Auf seiner Stirn bildeten sich erste Schweißtropfen, trotz der angenehmen Temperaturen im Zimmer.

»Bitte versuchen Sie, über die Ereignisse zu sprechen. Es ist wichtig für Sie.«

Nach langem Schweigen antwortete er leise stotternd: »Jemand hat mir mit einem Messer in den Bauch gestochen.«

»Jemand?«, fragte ich. »Nur jemand? Wer ist dieser Jemand?«

Wieder langes Schweigen von Zoran.

»Tja . . . meine Mutter . . . aber sie konnte nichts dafür«, fuhr er hastig fort. »Sie war betrunken, als sie das gemacht hat . . . sie wollte das überhaupt nicht. Sie hatte Streit mit ihrem Lebensgefährten und wusste nicht, was sie tat.«

Einige Wochen nach diesem Gespräch fand der Prozess gegen die Mutter statt. Ich war auch dort der psychiatrische Sachverständige. Ich erfuhr über das Ereignis Folgendes: Es war nachmittags. Mutter und Lebensgefährte waren schon ziemlich alkoholisiert und stritten wieder einmal. Zoran kam zu diesem Zeitpunkt nach Hause. Die beiden Streitenden projizierten einen Teil ihres Streites auf ihn. »Wo warst du? Was hast du gemacht?« und ähnliche Dinge fragten sie in einem recht aggressiven Ton. Zoran antwortete kurz, denn er wollte nicht in ihren Streit hineingezogen werden. Er verhielt sich dabei sehr passiv. Wahrscheinlich irritierte aber gerade diese Passivität die Mutter. Unvermittelt nahm sie ein Messer vom Tisch und stach damit ihrem Sohn in den Bauch. Zoran wurde lebensgefährlich verletzt und konnte nur durch Intensivmaßnahmen gerettet werden.

Das psychische Trauma aber konnte noch nicht geheilt werden, es sitzt sehr tief. Sowohl bei unseren Gesprächen als auch während der Verhandlung gegen seine Mutter war Zoran zutiefst betroffen und verstört. Die Mutter wurde auf Bewährung verurteilt. Die Tatsache, dass sie nicht ins Gefängnis kam, machte Zoran sichtlich glücklich. Er versuchte permanent, die Tat seiner Mutter zu entschuldigen. Die Messerstiche und die vielen früheren Misshandlungen aber haben nicht nur den Rücken und den Bauch dieses jungen Menschen verletzt, sondern waren auch tiefe Stiche in seine Seele. Stiche, die wahrscheinlich nie verheilen werden.

Zoran berichtet wenig darüber. Wenn er darüber spricht, dann nur über seine dadurch verursachten Albträume. Auf jeden meiner Versuche, diese Ereignisse zu thematisieren, reagierte Zoran höchst emotional und mit großem Widerstand. »Ich möchte nie darüber sprechen. Ich werde nie darüber sprechen. Nein, ich habe nicht das Bedürfnis, darüber zu berichten.«

Meine Rolle war die des Gutachters und nicht des Therapeuten. Diese beiden Rollen dürfen nie miteinander vermischt werden, denn das könnte Gutachter und Angeklagten in die Irre führen. Ich empfahl Zoran aber dennoch, darüber nachzudenken und später mit seinem Therapeuten die Vergangenheit aufzuarbeiten. Es ist schade, dass seine Mutter, die zu diesem Zeitpunkt

45 Jahre alt war, noch immer nicht verstanden hat, welche Bedeutung sie für Zoran hat. Immer wieder äußerte er die Hoffnung, dass seine Mutter nach der Verhandlung ein anderes Leben führen werde. Ständig versuchte er, sie zu schützen und sie in einer die Realität verzerrenden Art und Weise als gute Mutter zu bezeichnen. Diese Haltung gegenüber seiner Mutter hat offensichtlich eine große Bedeutung für seine psychische Stabilität. Aber diese Konstruktion ist sehr fragil. Gerade das gefährdet seine psychische Stabilität.

Was tat das Jugendamt nach dieser zweiten lebensbedrohlichen Verletzung durch die Eltern? Es beschränkte sich auf die Befragung Zorans, ob er ins Heim wolle oder nicht. Zoran wollte nicht. Das Jugendamt respektierte diesen Wunsch und ließ den Jungen im Netz der Gefährdung zurück. Er war nicht nur durch Mutter und Stiefväter gefährdet, sondern auch durch andere gefährliche Neigungen und Beziehungen. Zoran begann, Alkohol im Übermaß zu trinken. Eine Abhängigkeit konnten wir bei ihm aber noch nicht diagnostizieren. Doch da er erst 16 Jahre alt ist, hat das nicht viel zu bedeuten. Was folgt, wenn er älter wird? Zoran hat in seiner Clique auch begonnen, Drogen zu nehmen. Und die Clique, in der er sich so wohl, stark und überlegen fühlte, war eine Neonaziclique. Es war die Clique von Xander, Yannic und manchen anderen.

Alle diese katastrophalen Sozialisationsbedingungen hatten natürlich auch einen negativen Einfluss auf seine schulische Entwicklung. Obwohl Zoran als durchschnittlich intelligent zu bezeichnen ist – er hat einen IQ von 92 –, ist er schon dreimal sitzen geblieben. Zur Zeit seiner Inhaftierung war er noch Schüler der 7. Klasse. Durch die Schule erfuhren wir von vielen Verhaltensauffälligkeiten, die sowohl den Unterricht als auch den schulischen Ablauf störten. Er schwänzte die Schule tagelang, bummelte zusammen mit rechtsextremistischen Kumpels, trank Alkohol, rauchte Hasch, beging Diebstähle und nahm an Neonazidemonstrationen teil. Er saß oft stundenlang mit den »Kameraden« herum und hörte rechtsextremistische Lieder mit menschen- und lebensverachtenden Inhalten. Genau dieselben Lieder, die während der zwei Tage des Martyriums von Herrn Weiland als Begleitmusik liefen.

Von Tätern, die auch Opfer sind

Was wir über Zoran gehört und erfahren haben, ist repräsentativ für fast alle rechtsextremistischen Gewalttäter: Er war nicht in der Lage, eine Ideologie zu präsentieren und es fehlte ihm jedes politische Wissen. Seine Einstellungen zum rechtsextremistischen Gedankengut gegen Schwarze, Ausländer und Juden sind oberflächlich, kaum fundiert und halten Argumenten nicht stand. So, wie das bei allen rechtsextremistischen Gewalttätern der Fall ist. Unsere wissenschaftlichen Forschungen haben gezeigt, dass um die 90 Prozent der rechtsextremistischen Gewalttäter nicht die geringste fundierte Ideologie und kein Hintergrundwissen haben, sondern nur leere Parolen und leere Floskeln von sich geben, die keinem Argument standhalten können.

Trotzdem sind es gefährliche Parolen. Tötende Floskeln.

Nein, natürlich sind Zoran, Yannic und Xander keine Ideologen. Sie können auch gar keine sein. So, wie fast alle rechtsextremistischen Gewalttäter keine Ideologen sein können. Die Ideologen des Rechtsextremismus sitzen in den gut klimatisierten Büros, verdienen viel Geld, tragen saubere Anzüge und saubere Hemden. Sie lassen andere sich die Hände schmutzig machen und die dreckige Arbeit verrichten.

Zoran, Yannic und Xander wie auch die meisten anderen suchen in den rechtsextremistischen Kreisen eine Identität, einen Halt, ein Image. Ihnen ist trotz Floskeln und Parolen schmerzlich bewusst, dass sie zu den Verlierern und den Verlorenen, zu den nicht Privilegierten, zu den schwerst Benachteiligten der

Gesellschaft gehören. Nicht zu den Starken, sondern zu den Schwachen, zu den sehr Schwachen. Trotz der martialischen Lieder. Was sie noch nicht bewusst wahrnehmen, sind ihre Projektionen.

Zoran und seine Kumpane suchen eine Kompensation für die fehlenden Erfolgserlebnisse. Suchen irgendwo ein bisschen Wärme, ein bisschen Sicherheit und das Dazugehören. »Ein bisschen Anerkennung«, wie Zoran sagte.

Eine irregeleitete Suche. Ein gefährliches Dazugehören.

Das Gefühl, »zu denen ganz unten« zu gehören, ist schmerzlich und verlangt nach Kompensation. Alle hier dargestellten Täter schlossen sich mit den anderen Benachteiligten, Verlierern und Verlorenen in der trügerischen Hoffnung zusammen, gemeinsam Stärke, Überlegenheit und Zugehörigkeit zu erfahren, sich absetzen zu können gegenüber vermeintlich Schwachen wie Schwarzen, Juden, Ausländern. Schwachen, die oftmals gar nicht schwach, sondern nicht selten stark und erfolgreich sind.

Zoran, der von beiden Elternteilen mindestens zweimal in seinem jungen Leben lebensgefährlich verletzt worden war, zweimal ein Messer im Leib hatte, hörte und sang Lieder, die von einem Messer im Judenleib, vom Abknallen, Vergasen und Vernichten von Menschen sprachen. Lieder, wie sie unter anderem auf der CD der »Standarten« mit dem Titel »Deutschland den Deutschen« zu hören sind:

Hast du in deinem Keller 'ne große Folterbank,
dann schnapp dir einen Türken und mach den wieder schlank.

Oder wie die Gruppe »Deutsch, Stolz und Treu« (DST) in »Wehrt euch« singt:

Nur der Jude raubt den Menschen ihren Lebensraum.
Für den Juden wird das große Geld der schönste Traum.
Nur der Jude beschneidet seine böse Saat,

> nur der Jude wünscht sich einen Judenstaat.
> Deutsche wehrt euch.
> Kämpft gegen das Judenpack.
> Deutsche wehrt euch,
> Stellt die Juden an die Wand.

Und wenn dieselbe Gruppe die »Stahlkappenstiefel« besingt, dann singen alle Xanders, Yannics und Zorans, Axels und Berts dieser Welt mit und fühlen sich stark:

> Stahlkappenstiefel marschieren durch die Nacht,
> wir sind deutsche Skinheads, wir sind Deutschlands Macht.
> Treten die Chaoten wieder deutsches Recht,
> treten wir die Roten, ja, dann geht es ihnen schlecht.

Bei Zoran war die psychiatrische Diagnose offensichtlich. Er hatte schwerste neurotische Störungen, die ihre Ursache in seiner schlimmen Kindheit haben und zur Störung des Sozialverhaltens führten.

Wie wird es aber mit ihm weitergehen?

Nachdem ich meine Untersuchungen und Gespräche abgeschlossen hatte und Zoran aus der Klinik entlassen werden konnte, habe ich mich beim Gericht und bei der Staatsanwaltschaft dafür eingesetzt, ihn vor dem Gefängnis zu bewahren. Ich fand, er sollte bis zu seinem Prozess lieber in einem Heim für straffällige Jugendliche mit starken psychischen Problemen untergebracht werden. Meine Versuche, für ihn einen Platz in einer jugendpsychiatrischen Einrichtung zu finden, schlugen fehl. Ich vermute, die Einrichtungen hatten Angst vor Gewalttätigkeiten. Trotzdem fanden wir schließlich ein Kinder- und Jugendheim in der Region, das ihn aufnahm.

Einige Wochen später rief mich die Vorsitzende Richterin der Jugendkammer aufgeregt und enttäuscht an, um mir mitzuteilen, dass Zoran aus diesem Haus entwichen war. Zusammen mit zwei anderen Insassen hatte er ein Auto gestohlen, mit dem sie dann geflüchtet waren. Sie fanden in einem benachbarten Ort ein Abrisshaus, in dem sie sich versteckten. Zwei Tage später wurden sie entdeckt und verhaftet. Zoran kam wieder ins Gefängnis. Ich besuchte ihn und unterhielt mich lange mit ihm.

»Warum sind Sie aus diesem Heim ausgebrochen?«, fragte ich.

»Die anderen haben mich dort dumm angemacht. Die haben immer gefragt, was ich getan habe. Und die haben mich immer aufgezogen. Alle haben dort gesagt, ich komme in den Knast. Das hat mir gereicht, da bin ich abgehauen.«

»Und was machen wir nun?«

»Weiß ich nicht. Ich habe mir keine Gedanken darüber gemacht, wie es weitergeht.«

»Haben Sie verstanden, warum ich versucht habe, eine therapeutische Einrichtung für Sie zu finden?«

»Ja, habe ich verstanden. Jetzt ist aber alles im Eimer.«

»Sagen Sie mal, Sie haben mir bei unseren früheren Gesprächen erzählt, dass Sie nichts mehr mit der rechtsextremistischen Szene zu tun haben wollen. Sie wollen Schluss damit machen und nach ihrer Entlassung in eine andere Stadt ziehen. Damit Sie von diesen ›Schwachsinnigen‹ und den ›Gewalttätern‹ – wie Sie sie selbst nennen – wegkommen. Stimmt das?«

»Ja, das stimmt.«

»Aber ich sehe jetzt«, sagte ich, während ich meine Enttäuschung zu verbergen suchte, »dass Sie wieder eine Glatze haben. Während der Zeit in der Universitätsklinik waren Ihre Haare doch gut nachgewachsen. Die Glatze ist neu.«

»Ja, aber die Haare wachsen wieder.«

Die Frage der Schuld

Waren Zoran, Yannic und Xander schuldfähig, als sie Herrn Weiland stundenlang folterten und letztendlich töteten? Bevor ich darauf eingehe, möchte ich noch etwas über Schuld und Schuldfähigkeit sagen.

»Keine Strafe ohne Schuld«, verlangt das Bundesverfassungsgericht. Das Prinzip der Schuld bildet die Basis unseres Strafrechts. Also muss differenziert werden, ob man bei der Begehung einer Straftat schuldfähig oder schuldunfähig ist.

Sind rechtsextremistische Gewalttäter schuldfähig oder schuldunfähig bei der Begehung ihrer Gewalttaten?

Diese Frage kann nicht generell für eine Gesamtgruppe beantwortet werden. Das darf sie auch nicht. Sie muss für jeden einzelnen Täter, für jede einzelne Tat, für jeden einzelnen Tatzeitpunkt beantwortet werden. Die Antwort, ob jemand schuldfähig, schuldunfähig oder auch vermindert schuldfähig ist, gibt nur das Gericht, niemand anders. Allerdings sind die Voraussetzungen für die Schuldunfähigkeit psychiatrische Voraussetzungen. Sie werden im § 20 des Deutschen Strafgesetzbuches formuliert: »Ohne Schuld handelt, wer bei der Begehung der Tat wegen einer ›krankhaften seelischen Störung‹, wegen einer ›tief greifenden Bewusstseinsstörung‹, wegen ›Schwachsinns‹ oder wegen einer ›schweren anderen seelischen Abartigkeit‹ unfähig ist, das Unrecht der Tat einzusehen oder nach dieser Einsicht zu handeln.« Wenn die Einsichts- und Steuerungsfähigkeit nicht völlig aufgehoben ist, sondern zum Tatzeitpunkt erheblich beeinträchtigt war, dann spricht man von verminderter Schuldfähigkeit. Die Voraussetzungen der Schuldunfähigkeit bzw. verminderten Schuldfähigkeit sind also rein psychiatrische Voraussetzungen.

Insofern benötigt das Gericht die Sachverständigenmeinung eines erfahrenen Psychiaters. Dieser hat den Fall nach streng wissenschaftlichen Kriterien, nach bestem Wissen und Gewissen zu beurteilen.

Bevor er eine Empfehlung abgibt, muss er verschiedene Schritte vollziehen. Zuerst ist er verpflichtet, auszuschließen oder zu bestätigen, ob eine »krankhafte seelische Störung« vorhanden ist. Damit sind schwere psychische Störungen wie die Psychosen, so etwa die Schizophrenie, die schwere Depression, die Manie, andere psychische Störungen, die vorwiegend mit Wahn und Halluzinationen einhergehen, oder schwere körperlich bedingte psychische Störungen, in der Regel durch Schädigung des Gehirns oder durch Intoxikationen, gemeint.

Dann muss der Gutachter feststellen, ob zum Tatzeitpunkt eine »tief greifende Bewusstseinsstörung« vorhanden war. Dazu können verschiedene körperliche Faktoren und Substanzen führen, aber in der Regel ist hier ein affektiver Ausnahmezustand gemeint, der durch abrupte heftige Entgleisungen von Affekten entsteht, die plötzlich anfangen und plötzlich verschwinden.

Weiterhin muss er prüfen, ob ein »Schwachsinn« vorliegt. In der Regel gilt ein IQ (also Intelligenzquotient) von 69 und weniger als ein Hinweis, zu prüfen, ob der Grad der Intelligenzminderung erheblich die Fähigkeit des Betroffenen beeinträchtigt, Recht von Unrecht, Erlaubtes von Unerlaubtem, sozial Akzeptables von sozial Inakzeptablem zu unterscheiden und danach zu handeln.

Anschließend muss der Psychiater feststellen, ob eine »schwere andere seelische Abartigkeit« zum Tatzeitpunkt vorhanden war. Unter diesem unschönen juristischen Begriff verstehen wir die Persönlichkeitsstörungen, die Neurosen, Störungen der Impulskontrolle, akute Belastungsreaktionen, Anpassungsstörungen und auch Sucht.

Alle drei Folterer von Herrn Weiland hatten eine Störung, die man im juristischen Sinne zu den »schweren anderen seelischen

Abartigkeiten« zählt. Und nicht nur die drei, sondern auch Annas Mörder, wie wir gesehen haben, und die große Mehrzahl rechtsextremistischer Gewalttäter, die wir schon kennen gelernt haben.

Müssen diese Täter also nach Stellung einer psychiatrischen Diagnose automatisch als schuldunfähig oder vermindert schuldfähig bezeichnet werden? Keineswegs. Dafür muss ein eindeutiger Zusammenhang zwischen der psychischen Störung und der Tat bestehen, und zwar in dem Sinne, dass der Täter zum Tatzeitpunkt wegen der psychischen Störung nicht anders handeln konnte als er gehandelt hat. Dass also der Täter »nichts dafür konnte« oder nur bedingt etwas dafür konnte. Es muss also eine Unfähigkeit festgestellt werden, anders zu handeln als er gehandelt hat. Es muss ermittelt werden, ob Töten, Foltern, Schänden, Verbrennen durch die psychische Störung diktiert waren. Also muss die Straftat von der psychischen Störung determiniert oder teildeterminiert worden sein, sodass der Täter keine Freiheit bzw. keinen freien Willen hatte, sich anders zu verhalten. Oder dass er zumindest nur bedingt einen freien Willen hatte.

In diesem Sinne kann die Empfehlung des Psychiaters und die Entscheidung des Gerichts bezüglich der Schuldfähigkeit mit einem zweistöckigen Gebäude verglichen werden. Das untere Stockwerk wird als biologisch-psychische Ebene bezeichnet. In der Praxis bedeutet dies, dass zuerst eine psychiatrische Diagnose gestellt werden muss. Wenn keine psychische Störung diagnostiziert wird, folgen keine weiteren Schritte. Wird eine psychiatrische Diagnose gestellt, ist das erste Stockwerk des Gebäudes errichtet. Die Frage der Schuldfähigkeit ist aber damit noch nicht beantwortet. Es muss über diesem ersten Stockwerk noch ein weiteres errichtet werden – die so genannte normative Ebene. Zwischen den beiden Ebenen muss eine Verbindung bestehen, eine Treppe also, die die beiden Stockwerke miteinander verbindet. Die Tat muss zwingend ableitbar aus der psychischen Störung des Täters sein. Das bedeutet Folgendes: Menschen mit psychischen Störungen, die Straftaten begehen, sind nicht automatisch schuldunfähig oder vermindert schuldfähig; und vor allem nicht generell für alles, was sie tun. Vielmehr muss bei jeder Straftat geprüft werden, ob diese besondere Tat zu diesem besonderen Tatzeitpunkt aus der diagnostizierten psychischen Störung ableitbar ist. Und zwar in der Form, wie oben gesagt wurde: dass der Täter zum Tatzeitpunkt nicht anders handeln konnte.

Bei Zoran, Yannic und Xander wie auch bei vielen anderen, die in diesem Buch beschrieben wurden, wurde eine Persönlichkeitsstörung bzw. neurotische Störung diagnostiziert. Konnten die drei Folterer deshalb nicht anders handeln in diesen vielen Stunden, als sie gehandelt haben?

Bei allen drei Tätern ist die Zugehörigkeit zur rechtsextremistischen Szene – der praktisch alle schon seit ihrer Kindheit angehören – passend und ableitbar aus der jeweiligen Biographie – so wie bei fast allen rechtsextremistischen Gewalttätern.

Doch heißt das auch, dass sie zum Tatzeitpunkt nicht anders hätten handeln können?

Dazu muss man Tatvorfeld und Tathergang analysieren. Man sieht bei den Folterungen und der Tötung von Herrn Weiland eine lang andauernde und in unmenschlicher Weise immer wieder neue Quälereien erfindende Handlung, die sich in Begleitung rechtsextremistischer Musik über zwei Tage ausdehnte. Das ist ein starkes Argument gegen die Beeinträchtigung der Einsichts- und Steuerungsfähigkeit. Die vielen mehrstündigen Pausen (nach draußen gehen, einen Spaziergang machen, einkaufen, schlafen) gaben die Möglichkeit, das aggressive Gewaltverhalten korrigierend zu beeinflussen. Die lang andauernde Folter von Herrn Weiland basierte auf einer vermeintlichen Überlegenheit der drei Täter gegenüber dem unterlegenen, teilweise hilflosen Opfer. Die Taten entsprechen Eigenschaften und Einstellungen, die die Menschenwürde und den Respekt vor menschlichem Leben weitgehend ignorieren. Die Tatsache, dass während der gesamten Zeit, in der das Opfer die schlimme Folter ertragen musste, rechtsextremistische, neonazistische Musik lief, ist nicht zufällig. Die Lieder, die nur von Gewalt gegen Menschen, Abknallen und Vergasen, Messer in den Leib jagen und Menschen im Klo runterspülen sprechen, waren nicht nur Begleitmusik, sondern vergiftete Nahrung perverser Einstellungen. Es handelt sich schlechthin um eine zynische Verachtung von Menschenleben und Menschenwürde. Die Demütigungen des Opfers, Müll in Form eines rohen, verdorbenen Hähnchens zu essen, das Zerbrechen eines Stockes im After des Opfers, wurden nicht im Rahmen einer sexuellen sadistischen Perversion verübt, sondern hatten die gleiche Dynamik wie die menschenverachtenden, primitiven, rechtsextremistischen Parolen. Die Aussagen der drei Täter demonstrieren eindrucksvoll, wie sie, die Verlierer und Verlorenen, sich dabei als die Starken und Überlegenen fühlten. Zumindest während der Zeit der Folter.

Wir kamen zu der Schlussfolgerung, dass sie hätten anders handeln können, als sie während der vielen Stunden des Martyriums von Herrn Weiland gehandelt haben.

Die Täter waren zur Tatzeit aus psychiatrischer Sicht voll schuldfähig.

Allerdings machten wir bei Zoran eine Ausnahme. Durch seine noch ganz aktuelle psychische Traumatisierung und die hochaktuellen psychologischen Reaktionen konnten wir eine erhebliche Beeinträchtigung der Steuerungsfähigkeit und somit eine verminderte Schuldfähigkeit nicht ausschließen.

Das Gericht verurteilte ihn zu einer Jugendstrafe von sieben Jahren.

Xander wurde zu einer Jugendstrafe von neun Jahren und sechs Monaten verurteilt, Yannic erhielt eine Jugendstrafe von neun Jahren und drei Monaten.

Unabhängig jedoch von der Frage der Schuldfähigkeit stellen sich weitere Fragen:

Wohin mit diesen traumatisierten Menschen? Sollen diese gestörten Täter ins Gefängnis oder in Therapie?

Gut, manche werden sagen, Xander hat schon seine Chance gehabt, durch die jahrelangen Behandlungen und Aufenthalte in jugendpsychiatrischen Kliniken. Aber was ist mit Yannic und Zoran? Sollte man solche Menschen nicht besser therapieren, statt sie ins Gefängnis zu schicken? Ich werde zu diesem Thema in einem gesonderten Kapitel Stellung nehmen. Jetzt möchte ich nur so viel sagen: Solche Fälle unterliegen einer Besonderheit des deutschen Rechtssystems. Wird eine Schuldunfähigkeit oder eine verminderte Schuldfähigkeit festgestellt, und diagnostiziert der Psychiater eine weitere Gefahr aufgrund der psychischen Störung, dann entscheidet das Gericht in der Regel, dass der Betroffene nicht ins Gefängnis, sondern in den Maßregelvollzug kommt; eine besondere geschlossene psychiatrische Einrichtung also für psychisch gestörte Straftäter. Die Entlassung aus dem Maßregelvollzug ist nur dann möglich, wenn ein unabhängiger und erfahrener Psychiater durch ein Gutachten dem Betroffenen Ungefährlichkeit bescheinigt. Die Voraussetzung für eine institutionalisierte, also so genannte kustodiale Therapie ist dann die Schuldunfähigkeit bzw. verminderte Schuldfähigkeit. Doch was geschieht mit den Straftätern, die schwere Störungen aufweisen, aber zum Tatzeitpunkt voll schuldfähig sind? Wie sollte, wie könnte man mit diesen Tätern umgehen? Das wird, wie bereits erwähnt, in einem gesonderten Kapitel besprochen.

Was nun: Strafe oder Therapie? Eine Gratwanderung zwischen Prävention und Gewaltisolation

Was machen wir also mit den Tätern von Axel bis Zoran? Wir haben nicht nur ihre Verbrechen, sondern auch ihr persönliches Elend kennen gelernt. Wir haben erkannt, dass sie zu den Schwachen, sehr Schwachen der Gesellschaft gehören. Auch, wenn ihre Schwäche sich zu Grausamkeit gewandelt hat. Wir haben gesehen, dass sie zu den Eingeschränkten gehören. Auch wenn ihre Eingeschränktheit tödliche Folgen haben kann. Wir haben die persönlichen Tragödien und das persönliche Elend der rechtsextremistischen Gewalttäter gesehen.

Die meisten von ihnen sind fast noch Kinder. Ihr Leben hat noch kaum begonnen, da ist es schon zerstört, da haben sie schon anderes Leben zerstört.

Was soll mit ihnen geschehen? Bestrafen oder therapieren?

Diese Frage ist bei solchen Gewalttätern in der Regel nicht alternativ zu stellen, unabhängig davon, was sie gemacht haben oder wem sie geschadet haben.

Gewiss, diese Menschen brauchen uns – die Gesellschaft, mit ihren vielen Facetten, Funktionen und Möglichkeiten. Sie brauchen uns unter anderem auch als Therapeuten. Menschen mit solchen Biographien brauchen gewiss ein unterstützendes Gerüst, damit sie nicht völlig zusammenbrechen. Dieses Gerüst soll unter anderem auch aus Therapie bestehen.

Allerdings ist es ebenfalls ein gesellschaftliches Gebot und eine Sache der Rechtsgleichheit, dass man zwischen Therapie vor einer Straftat und Therapie nach einer Straftat unterscheidet. Vor einer Straftat oder vor einer erneuten Straftat ist mehr oder weniger Prävention gefragt. Darüber werde ich anschließend noch etwas sagen. Therapie nach einer Tat, insbesondere nach solchen

Gewalttaten, wie wir sie hier gesehen haben, ist nur begrenzt möglich und auch nur unter bestimmten Voraussetzungen sinnvoll. Selten ist sie in ihrer formellen oder inhaltlichen Form ein Ersatz oder eine Alternative zur Strafe. Formell verlangt das deutsche Recht Folgendes: »Wenn ein Täter voll schuldunfähig oder vermindert schuldfähig aufgrund einer psychischen Erkrankung ist und wenn Wiederholungsgefahr besteht, dann muss das Gericht Maßnahmen zur Besserung und Sicherung empfehlen.«

Unter der Bezeichnung »Maßnahmen zur Besserung und Sicherung« ist zu verstehen, dass der Täter in den Maßregelvollzug kommt, also in eine geschlossene forensisch-psychiatrische Einrichtung. Er wird dort therapiert und kann nur entlassen werden, wenn er so weit erfolgreich behandelt wurde, dass keine Gefahr mehr von ihm ausgeht. Ohne Strafe bleibt also nur der Schuldunfähige. In diesem Fall der Schuldunfähigkeit ist tatsächlich nur eine Therapie möglich, aber keine Strafe. Keinem der rechtsextremistischen Gewalttäter – die wir hier kennen gelernt haben – konnten wir aber eine volle Schuldunfähigkeit bescheinigen. In diesem Sinne konnten wir also auch in keinem Fall die Empfehlung geben: »Keine Strafe, sondern nur Therapie.« Bei einer unserer diesbezüglichen Studien, in der wir über 60 rechtsextremistische Gewalttäter untersucht haben, fanden wir bei fast 80 Prozent *keine* Beeinträchtigung der Schuldfähigkeit. Nur bei 20 Prozent der Täter wurde – vor allem aufgrund einer schweren Alkoholisierung – eine verminderte Schuldfähigkeit festgestellt oder zumindest nicht ausgeschlossen. Der Alkohol verstärkte die vorhandene Aggressivität, Dissozialität sowie Eigenschaften und Defizite der Persönlichkeit. In solchen Fällen, in denen Alkohol eine wichtige Rolle spielt, wird vom deutschen Gesetzgeber die Unterbringung in einer Entziehungsanstalt vorgesehen, vorausgesetzt, dass ein Hang zu alkoholischen Getränken oder anderen Rauschmitteln vorhanden ist und Wiederholungsgefahr besteht. Die Unterbringung in einer Entziehungsanstalt erfolgt jedoch zusätzlich zur Strafe. Wenn bei der Feststellung einer verminderten Schuldfähigkeit (nicht vollen Schuldunfähigkeit) der Alkohol oder andere Drogen eine untergeordnete Rolle spielen, dann kann das Gericht eine Unterbringung im Maßregelvollzug zwecks Besserung und Sicherung anordnen. Aber auch dann zusätzlich zur Strafe.

Abgesehen davon, dass das Gesetz bestimmte Limitierungen zur Beantwortung der Frage »Strafe oder Therapie« stellt, gibt es auch viele andere inhaltliche Gründe, die diese Frage in ihrer alternativen Form ausschließen. Es wäre Augenwischerei zu glauben, dass alles Abweichende, alles Pathologische und alles Defizitäre der menschlichen Natur therapierbar sei. Es wäre bestenfalls ein rührender Idealismus, so zu denken, aber kein realitätskonformer Pragmatismus. Viele von uns Psychiatern und Psychologen haben sich in ihren jungen Jahren blutige Nasen geholt, wenn sie der Schimäre der All-Therapierbarkeit folgten. Wir müssen damit leben, dass manche Persönlichkeitsstörungen, die unter bestimmten Umständen ein bestimmtes Niveau erreicht haben, nicht mehr therapierbar sind. Sie sind höchstens limitierbar. Trotzdem muss man auch solchen Menschen jede Chance geben. Allerdings nicht um den Preis, dass andere Menschen ihr Leben verlieren, verletzt, geschändet, gedemütigt werden. Nicht um den Preis, dass die Würde anderer Menschen angetastet werden kann.

Natürlich wäre es ideal, wenn die therapeutische Arbeit mit den rechtsextremistischen Gewalttätern lange, bevor sie zu Gewalttätern wurden, im Sinne der Prävention begonnen hätte. Und doch muss man sagen, dass auch der Prävention enge Grenzen gesteckt sind. Vor allem deshalb, weil die Prävention, soll sie wirksam sein, sehr früh beginnen muss, möglichst in den ersten Schuljahren – wir haben ja gesehen, dass sich viele Täter mit 12, 13 oder 14 Jahren bereits den rechtsextremistischen Kreisen angeschlossen haben. Im Grunde genommen müsste die präventive Therapie bei den gefährdeten Familien ansetzen. Dort, wo Gewalt als Konfliktlösungsmethode praktiziert wird. In den Familien, in denen der Vater oder der Stiefvater Mutter und Kinder verprügelt. Wo Eltern in ihrem alkoholischen Sumpf die Kinder nicht wahrnehmen oder, wenn sie sie doch einmal wahrnehmen, sie nur prügeln und beschimpfen.

Hier müsste die Prävention ansetzen. Aber schon hier beginnen die Schwierigkeiten. Wie ein solches Modell in die Praxis umsetzen, abgesehen von den benötigten finanziellen und personellen Mitteln? Trotzdem: In den USA gibt es schon seit längerer Zeit solche Programme, die jetzt nach vielen Jahren bei den inzwischen erwachsenen Schützlingen Früchte tragen.

Prävention in einem sehr frühen Stadium wäre ein viel versprechendes Projekt und eine gute Investition in die Zukunft. Aber auch dann müssten wir davon ausgehen, dass bei manchen der späteren Gewalttäter auch solche Maßnahmen kaum Erfolg haben würden. Bei vielen aber schon.

Auch das Thema Prävention in der Schule darf nicht unterschätzt werden. Vor allem deshalb nicht, weil sich Kinder gegenseitig erziehen. Als negative Erziehungskatalysatoren müssen diejenigen Schüler angesehen werden, die Mitschüler hänseln, prügeln und demütigen. Oder die andere durch ihr Verhalten, ihre Outfits und Einstellungen in den Sumpf mit hineinziehen. Gerade in der Schule beginnt die Suche nach dem Image. Jeder sucht sein Image. Die Schüler, die aus solchen Familien kommen, solche Traumatisierungen und Defizite haben, wie sie hier in diesem Buch beschrieben worden sind, sind auf der Suche nach einem ganz bestimmten Image. Einem Image, das Stärke, Macht und Anerkennung verspricht.

Ich wiederhole hier noch einmal: Überall in Schulen und Medien muss bei jeder diesbezüglichen Gelegenheit unmissverständlich klargemacht werden: Rechtsextremistische Gewalttäter gehören zu den Verlierern, zu den Schwachen, zu den wenig Intelligenten, den wenig Gebildeten und Verachteten. Also, Junge, willst du etwa dazugehören? Die Gesellschaft muss deutlich machen, wie erbärmlich es ist, Rechtsextremist zu sein.

Die Springerstiefel und die Bomberjacken, die primitiven Parolen und das Grölen von Ekel erregenden Liedern sind Zeichen der Schwäche. Sind die Symbole der Verlierer. Rechtsextremistische Gewalttäter sind ein gesammelter Haufen Elend.

Also, liebe Schülerinnen und Schüler, wollen Sie dazugehören? Sie haben die Wahl.

Es hat mich gerührt, wie viel Resonanz ich nach der Publikation des Buches »Hitlers Urenkel« aus den Schulen bekommen habe. Ich wurde bei verschiedenen Angelegenheiten zu Vorträgen vor Schülern eingeladen. Bei den Thomanern in Leipzig war der Saal zum Bersten voll. Eine Schule aus Dessau, die Stadt, in der Alberto Adriano ermordet worden war, machte aus dem Buch ein Theaterstück. Die Schüler besuchten mich an der Universität und diskutierten lange mit mir. Und so könnte ich noch viele andere Beispiele aufzählen.

Ich hätte mir gewünscht, dass die Schulbehörden und die Kultusministerien mehr in dieser Richtung tun würden. Als wir sahen, welche Wirkung das Buch auf Schüler haben kann, haben wir dem Kultusministerium des Landes Sachsen-Anhalt ein Gespräch angeboten, wie das Buch zur Schullektüre gemacht werden könnte. Anfänglicher Enthusiasmus und anfängliche schöne Worte waren vorhanden. Doch nichts geschah. Enthusiasmus – echt oder unecht – und alle schönen Worte verschwanden im Reich des Schweigens. Trotzdem möchte ich noch einmal mit Nachdruck darauf hinweisen, wie wichtig die Schule als Ort der Prävention ist.

Ist es allerdings zu Verbrechen gekommen, so ist Prävention kaum mehr möglich. Gewaltisolation ist nötig.

Gewaltisolation im Sinne von Strafe. Dann sollten die Möglichkeiten des Gesetzes ausgeschöpft werden, auch deswegen, weil die rechtsradikalen Täter, die unter einem pseudoideologischen Mäntelchen ihre Schwäche zu verstecken suchen, Angst haben. Sie haben riesige Angst vor den strafenden Reaktionen der Gesellschaft, vor dem Gefängnis, vor der Aburteilung. Sie tun alles, um die Strafe zu vermeiden. Sie belasten so genannte Kameraden, sie versuchen ihre Tat zu beschönigen, zu bagatellisieren, und auch ihre Gesinnung zu leugnen.

In solchen Fällen sollten die supportiven Maßnahmen therapeutischer Art erst stattfinden, nachdem deutlich und laut genug von uns allen gesagt wurde: »Nicht mit uns. Bis hierher und nicht weiter.«

Wichtig ist es auch, das Augenmerk auf die rechtsextremistische Musik zu lenken. Die rechtsextremistische Musik wirkt auf diese jungen, einfachen, eingeschränkten Gemüter wie eine Droge. Sie putscht auf, sie macht aggressiv, sie eröffnet Wege, die zum Abgrund führen.

Es muss auch eine Prävention gegen die Droge »rechtsextremistische Musik« geben. Ich las Gerichtsurteile, Berichte des Verfassungsschutzes, Entscheidungen von Jugendschutzbehörden. Alle erkennen die Gefahr, beschreiben die Gefahr und warnen vor der Gefahr.

Aber warum ist es so leicht, diese Musik zu verbreiten?

Warum ist es so einfach für alle diese Kinder, Sonderschüler, Sozialhilfeempfänger, diese Unmengen CDs und Kassetten mit rechtsextremistischer Musik zu besitzen?

Warum wurden die »Landser« erst Ende des Jahres 2003 verurteilt?

Auch folgende Frage sei in diesem Zusammenhang erlaubt: Sind die Verfolgungsbehörden zu lasch, zu unmotiviert und gegebenenfalls überfordert? Sie sollten einer solch beleidigenden Vermutung energisch entgegentreten.

Aber über Prävention zu sprechen bedeutet auch, über rechtsradikale Musik und ihr gefährliches Potenzial zur Aufwiegelung zu sprechen – und etwas dagegen zu unternehmen.

Das Gesicht der Ermordeten, die Hände der Mörder

Heute war wieder einmal ein schwerer Tag für mich. Auch heute führte ich lange Gespräche mit einem Mörder. Einem Mörder, der sich Hakenkreuze und SS-Symbole auf den Körper hat tätowieren lassen. Mit einem Mörder, der stundenlang vor mir saß, umhüllt von Finsternis, die aus den dunklen Kammern seines Herzens und seines Hirns floss. Auch das Opfer war dabei ständig präsent, stand mir vor dem inneren Auge. Und beide, Mörder und Opfer, drückten auf mein Herz. Jeder auf seine Weise. Aber beide machten mein Herz schwer.

Das Opfer war auch diesmal ein Deutscher. Zufällig. Es hätte auch ein anderer Europäer sein können, ein Afrikaner, ein Asiat, ein Amerikaner.

Und nun, zurück aus dem Gefängnis, warf ich mich in meinen Bürosessel und atmete erst einmal tief ein und aus. So, als wolle ich die Luft in meinen Lungen reinigen. Ich schaute regungslos durch das offene Fenster in die anbrechende Nacht hinaus. So, als wolle ich die mitgebrachte Finsternis der Nacht zurückgeben.

Und dann sah ich mit den Augen der Seele sein Gesicht, auf den Hintergrund der Nacht projiziert. Das Gesicht von Albert Adriano. Von Schmerz verzerrt und blutverschmiert. Und ich hörte seine Schreie. Ich hörte, wie er um Hilfe und Erbarmen schrie. Auf Deutsch und auf Portugiesisch.

Ich sah auch die Hände seiner Mörder. Hakenkreuztätowierte Hände. Auf der Rückseite der Fingerwurzeln war das Wort »HASS« dunkel eintätowiert worden. Als wären diese Hände eine Fortsetzung der Finsternis. Ich sah die mit blutigen Springerstiefeln beschuhten Füße, Symbole menschenhassender Barbarei.

Und ich sah, wie sich das Gesicht von Alberto Adriano langsam vor meinem inneren Auge in einen kahl geschorenen Kopf und ein weißes weibliches Gesicht verwandelte. Es war das Gesicht von Anna. Ich hörte ihre Schreie. Ich hörte, wie sie um Hilfe und Erbarmen schrie. Auf Deutsch.

Ich sah auch die Hände ihrer Mörder. Hakenkreuztätowierte Hände. Auf der Rückseite der Fingerwurzeln war das Wort »HASS« dunkel eintätowiert worden. Als wären diese Hände eine Fortsetzung der Finsternis. Ich sah die mit blutigen Springerstiefeln beschuhten Füße, Symbole menschenhassender Barbarei.

Und dann verwandelte sich ihr weißes, blasses Gesicht in ein schwarzes Gesicht. In das Gesicht von John, der auf Englisch und Deutsch um Hilfe rief, als seine Peiniger mit Messern und Baseballschlägern über ihn herfielen und ihm ein Messer ins Auge stachen. Und das nur, weil sein Gesicht schwarz war.

Ich sah auch die Hände seiner Mörder. Hakenkreuztätowierte Hände. Auf der Rückseite der Fingerwurzeln war das Wort »HASS« dunkel eintätowiert worden. Als wären diese Hände eine Fortsetzung der Finsternis. Ich sah die mit blutigen Springerstiefeln beschuhten Füße, Symbole menschenhassender Barbarei.

Das massakrierte Gesicht von John verwandelte sich in das weiße Gesicht des hellhäutigen Herrn Weiland. Und ich sah, wie die Täter ihn quälten, demütigten, ihn mit Chemikalien übergossen und anzündeten. Und er konnte nur leise und kraftlose Hilferufe und Bitten um Erbarmen vor sich hin murmeln, kaum hörbar wegen der lauten Neonazimusik.

Ich sah auch die Hände seiner Mörder. Hakenkreuztätowierte Hände. Auf der Rückseite der Fingerwurzeln war das Wort »HASS« dunkel eintätowiert worden. Als wären diese Hände eine Fortsetzung der Finsternis. Ich sah die mit blutigen Springerstiefeln beschuhten Füße, Symbole menschenhassender Barbarei.

Und das Gesicht von Herrn Weiland verwandelte sich in die angstvoll verzerrten Gesichter der schreienden jungen Vietnamesen in der Flammenhölle, in die Gesichter der deutschen Familien Müller und Meier, auch sie in Flammen. Und dann sah ich das Gesicht des »Kleinen«, der weinend mit einer Klobürste im Mund nach den Klängen der rechtsextremistischen Musik tanzte. Es kamen die Gesichter von Algeriern, Pakistaniern und hellhäutigen Deutschen hinzu. Das Gesicht des Herrn Braun, der im Wachkoma liegt, verwandelte sich wiederum in die Gesichter dunkelhäutiger Menschen und dann in die Gesichter des Herrn Otto und Andreas Vogel, in das hellhäutige Gesicht der geschändeten und ermordeten Hilde, massakriert auf einem kalten Grabstein, das sich wiederum in das schwarze Gesicht von David verwandelte, als der aus dem fahrenden Zug geworfen wurde. Und die Stimmen mehrten sich und wechselten. Aus einer wurden mehrere, in vielen Sprachen: deutsche, englische, portugiesische, arabische, französische, hebräische Stimmen.

Aber die Hände der Täter waren immer dieselben: hakenkreuztätowierte Hände. Fortsetzung der Finsternis. Und die Füße waren immer noch mit denselben blutigen Springerstiefeln beschuht. Fortsetzung der menschenhassenden Barbarei.

Und die Verbrechen immer mit demselben Hintergrund: Hass, Finsternis und Schwäche. Menschenfeindlichkeit und Menschenverachtung eines Versagers, eines Verlierers, eines Verlorenen.

Jetzt, nachdem ich lange mit dem Mörder gesprochen habe und aus dem Gefängnis zurück bin, mich in meinen Schreibtischsessel geworfen habe und der anbrechenden Nacht ins Antlitz blicke, denke ich, dass die Menschen da draußen auf gefährlichen Pfaden wandeln. Die Medien engagierten sich sehr gegen die rechtsextremistischen Gewalttäter, damals nach Rostock und Hoyerswerda, nach Mölln und Solingen. Und das tun sie auch weiter, wenn ähnliche Dinge geschehen. Das ist gut so. Aber der Öffentlichkeit wird, wenn es um rechtsextremistische Morde an Menschen geht, die zufällig deutsche Opfer sind, oft nur in einer

Zeile – wenn überhaupt – erzählt: »Die Täter gehören der rechtsextremistischen Szene an.«

Die Öffentlichkeit muss aber wissen: Rechtsextremistische Gewaltbereitschaft wird durch menschenverachtendes, hasserfülltes Gedankengut gefüttert.

Sie tötet beliebig und schändet beliebig.

Gestern du, heute ich.

Ein zweiter Brief an Mrs Sarah Whiteberger

Mrs Sarah Whiteberger
Albuquerque
New Mexico, USA

Frühjahr 2005

Sehr verehrte Mrs Sarah Whiteberger,

vor wenigen Jahren habe ich Ihnen einen Brief geschrieben. Heute traf ich die Entscheidung, Ihnen ein zweites Mal zu schreiben. Diesmal schreibe ich Ihnen nicht zwischen neuer und alter Welt, wie damals, während eines Fluges von Washington zurück nach Hause, nach Deutschland. Diesen Brief schreibe ich in Deutschland, jetzt, nach Annas Tod und dem der anderen. Nachdem ich mit ihren Mördern viele Stunden gesprochen habe. Nachdem ich schon wieder an der Unerträglichkeit der vergifteten schlammigen Gewässer rechtsextremistischer Gewalt fast erstickt wäre. Jetzt, wo ich mich wieder fasse, habe ich das Bedürfnis, an Sie zu schreiben.

Aber es ist ein anderes Bedürfnis als damals.

Damals wie heute beuge ich mich vor dem Martyrium, das Sie als Kind in den Konzentrationslagern der Nazis erlitten haben. Ich zolle Ihrem Schmerz Respekt, dem Schmerz, den Sie erlitten haben, als Sie damals alle Ihre Angehörigen in den Krematorien der Konzentrationslager verloren haben und als Kind in dieser Hölle des Unsagbaren jeden Tag Tod und Barbarei begegnen mussten. Auch heute finde ich wie damals keine Worte, die das Erlittene auch nur annäherungsweise wiedergeben könnten. Heute kann ich genau wie damals sehr gut die Gründe dafür erkennen, warum Sie angesichts der Verbrechen von Mölln und

Solingen, von Rostock und Hoyerswerda öffentlich vor den Schülern einer High School in New Mexico die Meinung vertraten, die Deutschen hätten sich nicht geändert; die Deutschen seien dabei, ihre schlimmen Verbrechen der Vergangenheit zu wiederholen.

Aber auch heute möchte ich Ihnen nochmals versichern, Mrs Sarah Whiteberger, dass sie sich keine Sorgen zu machen brauchen. Auch heute versichere ich Ihnen, dass Ihre Meinung eine aus einem unendlichen Schmerz ableitbare verständliche Befürchtung und nichtsdestotrotz ein Irrtum ist.

Ich bin nach wie vor überzeugt, dass die neue deutsche Gesellschaft die Gesellschaft der Paradigmenwechsel ist. Eine Gesellschaft, die aus der furchtbaren Finsternis, deren Opfer Sie und viele Millionen anderer Menschen geworden sind, Licht gemacht hat. Die neue deutsche Gesellschaft ist die Gesellschaft, die auf ihre Fahnen die Unantastbarkeit der Würde des Menschen geschrieben hat. Jedes Menschen. Unabhängig von Herkunft, von Religion, von Geschlecht, von Status. Ich, der Wahldeutsche, versichere Ihnen, verehrte Mrs Whiteberger, genau wie ich es auch damals im Rahmen meines Buches »Hitlers Urenkel« tat, dass die deutsche Demokratie eines der freiheitlichsten und demokratischsten politischen Systeme der Welt ist.

Es ist traurig und unentschuldbar, dass einzelne Mitglieder dieser Gesellschaft aus rassistischen, antisemitischen oder anderen menschenverachtenden Gründen töten, schänden, demütigen. Und doch handelt es sich bei diesen Menschen um Ausnahmen, die nicht im Entferntesten die neue deutsche Gesellschaft repräsentieren.

Ich bitte Sie, mich nicht misszuverstehen. Ich spreche auch diesmal nur von den rechtsextremistischen Gewalttätern und nicht von den Rechtsextremisten insgesamt. Derer gibt es viele. Und doch auch nicht mehr als in anderen europäischen Ländern, nicht mehr als auch in den USA, dem Land, das Ihnen und vielen anderen Menschen Sicherheit und Schutz gegeben hat. Aber, ich weiß es, das macht es nicht weniger traurig.

Heute schreibe ich an Sie nicht als Apologet der Deutschen und mir. Ich möchte mich auch nicht rechtfertigen, warum ich die Entscheidung getroffen habe, Wahldeutscher zu werden. Ich schreibe Ihnen heute auch nicht als Mahner, der die Deutschen und alle anderen an ihre Verpflichtung zur Menschlichkeit erinnert. Ich schreibe Ihnen heute in der Hoffnung, dass Sie dank dieses Buches noch besser verstehen, was ich damals auszudrücken versuchte: rechtsextremistische Mörder sind gemeine Kriminelle, hasserfüllte, menschenverachtende Kriminelle; primitiv, eingeschränkt, geistig und sozial am Rande. Noch einmal möchte ich aber betonen, dass ich nur von den Gewalttätern spreche, nicht von den Ideologen rechter Couleur. Sie sind eine andere Sorte von Tätern: repräsentieren eine andere Sorte von Dunkelheit, die nicht Inhalt dieses Briefes und dieses Buches ist.

Deutsche machen inzwischen die Mehrheit der Opfer deutscher rechtsradikaler Täter aus. Deutsche sind deswegen mehrheitlich die Opfer, weil die rechtsextremistische Gewalt wahllos um sich schlägt; weil Voraussetzung rechtsextremistischer Gewalt eine tief in der Persönlichkeit verwurzelte Gewaltbereitschaft ist, die keinen Unterschied macht. Wenn sie Opfer sucht, dann nur nach dem Prinzip des vermeintlich Schwächeren. Unabhängig von Nationalität, Religion oder Hautfarbe.

Die katastrophale Lebensgeschichte dieser jungen Menschen verursacht das Bedürfnis nach Kompensation; im Rausch der Gewalt empfinden sie eine vermeintliche Stärke, die sie in der Realität nie besessen haben. Die Droge »rechtsextremistische Musik« ist die vergiftete Nahrung, die die Illusion der Stärke nährt. Der geistige Horizont dieser Musik ist so beschränkt und finster wie der der jungen Täter.

Die rechtsextremistische Musik mit ihren Texten ist für diese einfachen Gemüter eine Art Droge: eine explosive Mischung, wenn sie mit geistiger Eingeschränktheit, gestörter Persönlichkeit und biographischem Elend zusammenkommt. Und Opfer dieser Explosion sind alle, die in der Nähe der tickenden Bombe sind. Unabhängig von Nationalität, Religion oder Hautfarbe.

Damals, als ich Ihnen schrieb, wollte ich ein Apologet für die Deutschen und für mich selber sein. Wollte ich auch ein Ankläger gegen die Umstände sein, die dazu führen, dass das rechtsextremistische Gedankengut in Deutschland nicht endgültig ausgerottet wird. Wenn ich aber heute den Deutschen etwas zurufen möchte, dann ist es: Aufwachen! Aufwachen! Nicht die Augen verschließen. Rechtsextremistische Gewalt ist blind. Heute ist der eine ihr Opfer, morgen der andere. Heute ich, morgen du und übermorgen der Nächste.

Verpflichtung gegenüber den Opfern der Nazizeit, Verpflichtung gegenüber der Geschichte und die Austrocknung des rechtsradikalen Sumpfes sind nicht nur eine Selbstverständlichkeit, sondern auch eine Art der Selbsterhaltung, des Selbstschutzes.

Zu all dem möchte ich diesmal aufrufen.

Hoch verehrte Mrs Sarah Whiteberger, ich lege Ihnen respektvoll die Biographien, die Welten und die Taten dieser Menschen vor. So, wie ich Ihnen die Biographien, die Welten und die Taten der Mörder in meinem Buch »Hitlers Urenkel« respektvoll vorgelegt habe. Und ich bitte Sie auch diesmal um Verständnis für das von mir Gesagte: Rechtsextremistische Gewalttäter sind hasserfüllte, gemeine Kriminelle. Sie repräsentieren die Deutschen nicht. Sie machen die Deutschen zu Opfern wie die Angehörigen anderer Kulturen, Nationen, Religionen.

Hochachtungsvoll

Andreas Marneros,
ein Wahldeutscher

Andreas Marneros

Hitlers Urenkel

Rechtsradikale Gewalttäter –
Erfahrungen eines wahldeutschen Gerichtsgutachters

ISBN 3-502-15452-X

Als psychiatrischer Gutachter in Neonazi-Prozessen wird Andreas Marneros immer wieder mit den brutalen Verbrechen rechtsradikaler Gewalttäter konfrontiert. Aus der einmaligen Perspektive des Psychiaters und gleichzeitig eines Menschen, der sich – auf Zypern geboren – als Wahldeutscher bewusster mit Deutschland identifiziert als die meisten Deutschen, analysiert er Persönlichkeit und Motive der Täter und die Gesellschaft, in der sie agieren.

»Dieses Buch sollte jeder Schule zugänglich gemacht werden.«
Albrecht Hennig, Vorsitzender Richter am Oberlandesgericht Sachsen-Anhalt

Scherz